浙江大学

中国丝绸博物馆

浙江理工大学

东华大学

湖南博物院

Zhejiang University
China National Silk Museum
Zhejiang Sci-Tech University
Donghua University
Hunan Museum

"十四五"国家重点出版物出版规划项目

国家出版基金项目

"浙江文化研究工程"重大项目

中国丝绸艺术大系

赵 丰 总主编

湖南博物院卷

| 战国至汉代 |

喻燕姣 主编

A COMPREHENSIVE COLLECTION OF CHINESE SILKS

EDITOR-IN-CHIEF　ZHAO FENG

HUNAN MUSEUM

FROM WARRING STATES PERIOD
TO HAN DYNASTY

CHIEF EDITOR　YU YANJIAO

浙江大学出版社

锦绣中华　衣被天下

——"中国丝绸艺术大系"序

赵　丰

　　由浙江大学、浙江省文物局编纂出版的"中国历代绘画大系",是2005年习近平同志亲自批准,多年来一直高度重视、持续关注的一项规模浩大、纵贯历史、横跨中外的国家级重大文化工程。项目伊始,我们同步开始谋划的还有全面收集和整理中国历代丝绸文化遗产。2014年,浙江大学与中国丝绸博物馆初步商谈了总体构思。2015年,浙江大学与浙江省文物局联合向浙江省委宣传部提出了"中国丝绸档案"的宏大计划。2021年,在浙江省委宣传部、浙江省社会科学联合会的高度重视下,"中国丝绸艺术大系"被列入"浙江文化研究工程"重大项目。2024年,"中国丝绸艺术大系"又被列入国家出版基金项目,成为浙江继"中国历代绘画大系"之后又一个具有地域特色、国家站位和国际视野的文化品牌。

　　中国是丝绸的起源地,浙江史称丝绸之府。丝绸与中华文明同时起源,同步发展,相依相伴。5000多年来,它已成为中华文明的重要标识、礼制文化的系统呈现、经济生产的基本组成、社会结构的稳定元素。它既是中国古典艺术的主导载体,也是中国装饰艺术的核心内容,还是推动丝绸之路东西方文化交流互鉴的原动力,对人类文明做出了重大贡献。锦绣遍布中华,丝绸衣被天下。

　　"中国丝绸艺术大系"项目致力于在全面、系统调查在世界范围内流传、收藏的中国历代各民族的丝绸文物信息,采集相关的图像及技术数据,通过对其归纳整理、分析研究、定名著录、编纂出版等,深入挖掘丰富多彩的丝绸历史资源,记录丝绸文化遗产,出版丝绸艺术精品,推动丝绸历史研究,促进丝绸创新应用,建设丝绸之路文化研究大平台。与目前已有的丝绸主题出版著作相比,本项目力争做到五个"最",即资源收集最全面,学术研究最前沿,编纂体系最完备,图像呈现最精准,出版规模最宏大。

　　由此,"中国丝绸艺术大系"设定了具体的目标:

　　一套"中国丝绸艺术大系",总计约100卷,收集海内外各权威博物馆及相关机构的中国丝绸藏品;

　　一个"中国丝绸艺术资源库",将内容数量更为广大的中国丝绸遗产以数字形式收入数据库并供检索、查阅和研究所用;

　　一套"中国丝绸艺术研究丛书",围绕中国丝绸艺术开展更为广泛的、跨学科的、或综合或专题的各种研究;

　　一系列与中国丝绸艺术主题相关的陈列展示、学术交流、传承创新、普及教育、传播推广活动。

为此，"中国丝绸艺术大系"采用了以收藏为单元、分卷编纂的总体框架。我们一则注意整个大系的完整性和平衡性，每一卷均由各收藏机构署名，内容分为专文、精品、图版和图版说明四大部分；二则，突出各卷特色并加强专题研究，包括丝绸技术的不同类别、丝绸艺术的各种风格、丝绸成品的广泛用途等，使得整个项目在资料性、学术性、数字化、标准化方面有着坚实的内容，成为传世之作。

十年磨一剑。"中国丝绸艺术大系"项目于2022年1月正式启动，计划用10年的时间基本完成调查和编纂。整个项目由浙江大学牵头，并和浙江理工大学、东华大学、中国丝绸博物馆等专业团队通力合作，自始至终得到了来自全球近百家中国丝绸文物和资料的收藏、研究及相关机构的积极回应和大力支持，同时还有大量国内、国外的这一领域的专家学者进行指导或参与调查、整理、著录、研究、编撰、绘图、译校等相关工作，最后由浙江大学出版社完成编辑出版。

我们相信，这一项目的实施，不仅将为推进浙江省文化强省建设、推进社会主义文化强国建设、推进中华民族现代文明建设做出贡献，也将为传播全球纺织和服饰文化、推动丝绸之路文化交流与对话、构建人类命运共同体而做出贡献。

是为序。

2023年5月1日一稿于杭州
2024年7月25日二稿于剑桥

目 录

第三部分　图版

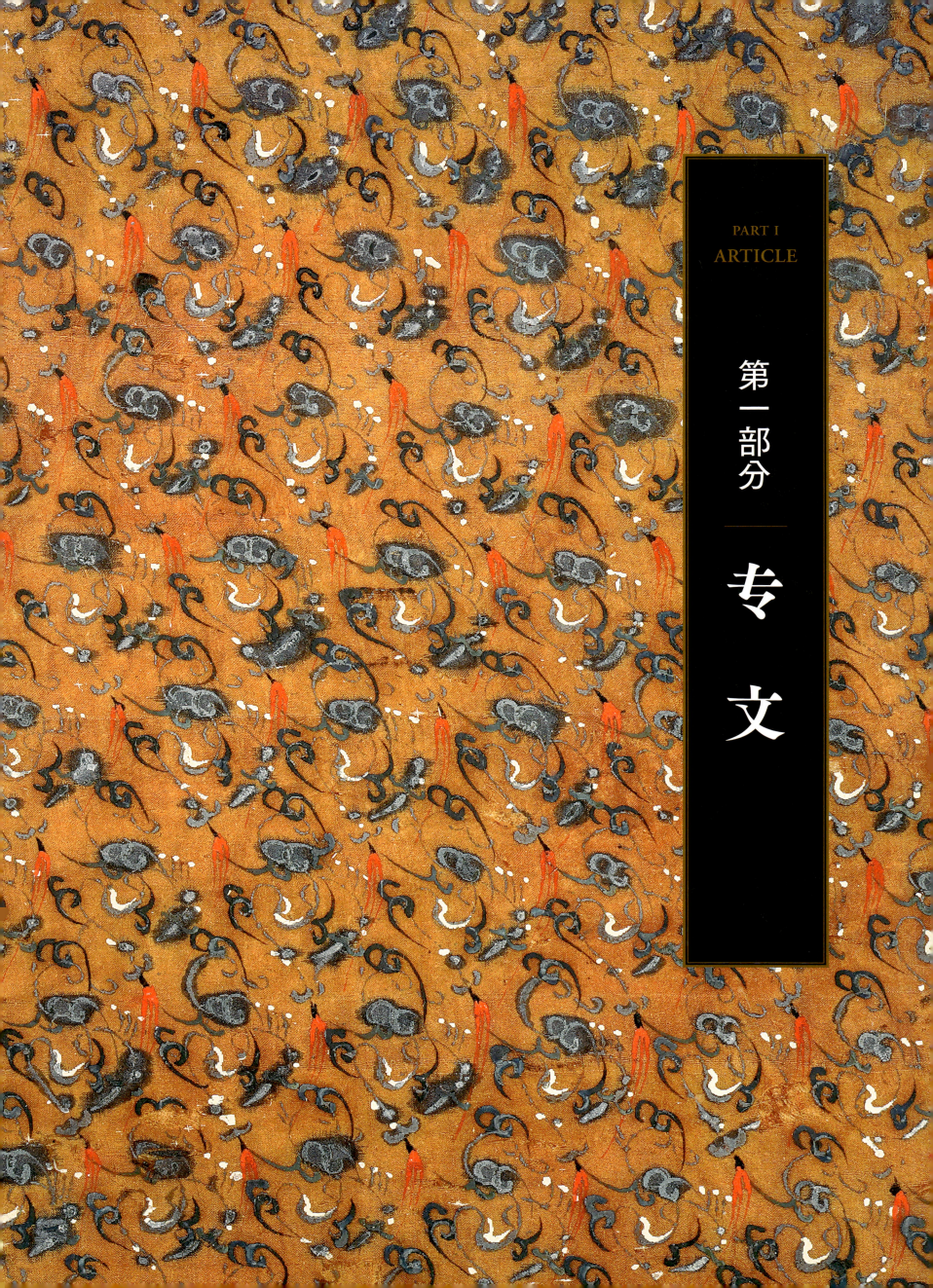

第一部分

专　文

罗绮锦绣

湖南博物院藏战国至汉代丝织品概述

湖南博物院、科技考古与文物保护利用湖南省重点实验室　喻燕姣

　　湖南博物院于1956年建成开馆，新馆于2017年11月29日建成并对外开放（图1），是湖南省最大的历史艺术类综合性博物馆，首批国家一级博物馆、中央地方共建的八个国家级重点博物馆之一，全国文化系统先进集体，全国文物系统先进集体，全国爱国主义教育示范基地，文化强省建设有突出贡献先进集体，国家4A级旅游景区。现有院藏文物103万多件（组），尤以马王堆汉墓出土文物（图2）、商周青铜器、楚文物、历代陶瓷、红色文物、书画和近现代文物等最具特色。年接待观众300万人次以上，现已成为中国最具影响力的博物馆之一。

　　湖南博物院收藏有大量出土的丝织物，除战国、汉代的10002件（组）外，宋、元、明墓均有出土，其中衡阳何家皂北宋墓出土丝织品180余件（组），主要为绫、罗、绮、绢等；华容元墓出土丝织品20余件（组），品种主要有绫、罗、绢、纱、缎、绮等；明代丝织品120余件（组），有绢、缎、绫、罗、绸、绮、纱等。本卷收录的均为战国至汉代的丝织品。

一、院藏战国至汉代丝织品概况

　　湖南战国楚墓出土69件（组）纺织品，均出土于长沙，除4件为麻布织物外，其余均为丝织物，品种涉及绢、纱、罗、锦，以锦为主。这些丝织物出土于11座墓中，均为残片，其中1952年长沙颜家岭M乙035出土褐色绢残片1组，1953年长沙仰天湖M26出土绢带1件，1954年长沙左家塘M15出土素纱1件、绢1件、锦1件、编结带子1件，1954年长沙仰天湖M6出土绢带1件，1955年长沙丝茅村营房M20出土丝残绳1件，1956年长沙广济桥银行学校M5出土绢2件、锦1件，1958年长沙烈士公园M3出土绢1件，1971年长沙浏城桥M1出土组带1件、绢2件，1973年长沙子弹库M1出土锦1件、绢1件、丝穗1件、残带1件、残绳1堆、绉纱1件，1974年长沙魏家堆M1出土锦1件、罗1件。

图1　湖南博物院外景

图2　"长沙马王堆汉墓陈列"序厅

出土最多的为1957年长沙左家塘M44楚墓。长沙左家塘楚墓在新中国成立前已被盗掘，1957年进行了发掘和清理，根据墓葬形制和随葬器物判断，墓葬年代属于战国中期。该墓出土一叠长30厘米，宽10—23厘米，厚5—6厘米夹有多层丝绵的丝织物。经揭裱，发现了各种颜色的绢和纹样繁缛的锦，总计有42件，包括锦30件、绢10件、绉纱1件、丝织物残片1件。[1]该墓出土的朱条暗花对龙对凤纹锦、几何纹锦、双色方格纹锦具有较高的研究价值和艺术价值。

汉代丝织物除1978年长沙象鼻嘴M1出土的1件褐色纱残片外，其余均出自长沙马王堆一号墓（M1）、三号墓（M3），除去帛书帛画为丝织物外，完整的丝织品及各类残片共计9936件（组）、24429件。其中绢类5434件（组）、13392件，纱类143件（组）、265件，罗类217件（组）、583件、绮类82件（组）、276件，锦类693件（组）、1842件，刺绣品1347件（组）、3514件，成品服饰及残片1450件（组）、1924件，两个品种以上丝织物419件（组）、2367件，其他定名为丝织物（待定名）资料151件（组）、266件。虽然马王堆汉墓丝织物保存较好的只有数百件，但众多的丝织物残片同样具有非常重要的研究价值。

本卷虽名为《中国丝绸艺术大系·湖南博物院卷（战国至汉代）》，但战国墓出土的丝织物较少，故本卷基本为马王堆汉墓丝织物专卷，这也是本卷的特色。下面拟从马王堆汉墓丝织品出土概况、藏品特色、研究现状、重点研究方向梳理等四个方面予以叙述。

二、马王堆汉墓丝织品出土概况

1972—1974年，考古工作者在湖南长沙马王堆发掘了西汉初期长沙国丞相、第一代轪侯利苍一家三口的墓葬（图3）。一号墓墓主是利苍夫人辛追，二号墓墓主是利苍本人，三号墓墓主是他们的儿子利豨。三座汉墓共出土了3000多件（组）珍贵文物，种类十分庞杂，包括日用饮食器具、乐器、兵器、书籍、衣物（图4）、食品等，几乎涉及当时社会生活的各个方面，足可复原墓主一家活着时的生活状态，再现了西汉初期上层贵族高品质的物质生活和精神生活。其中的漆木器、丝织品、乐器、简帛和一具在地下"长眠"2000多年、依然保存完好的西汉侯爵夫人遗体，更是无比珍贵，震惊了世界。马王堆汉墓也当之无愧地成为20世纪中国乃至世界最重要的考古发现之一，入选全国"百年百大考古发现"[2]"世界十大古墓稀世珍宝"。

丝织物为马王堆汉墓文物中的一个大类之一，均出土于一号墓和三号墓。

一号墓丝织品和各种衣物主要出自四处：第一，西边厢的6个竹笥。保存完整的纺织品和衣物，大部分集中在这里。其中329号[3]、357号竹笥共出土绵袍11件、单衣3件、单裙2件、袜2双、袍套1件；340号、354号竹笥共出土单幅丝织品46号；337号、346号竹笥各出土丝织品碎块一挂。置于竹笥上的瑟、竽，各套有1件锦衣。第二，北边厢的中部和西部。计有夹袍、绣枕、几巾、香囊各1件，枕巾2件、鞋2双，还有包裹在漆妆奁外面的2件夹袱和置于奁内的手套、镜衣、

1 熊传薪. 长沙新发现的战国丝织物[J]. 文物，1975（2）：49-56.

2 龙文泱."百年百大考古发现"揭晓[N]. 湖南日报, 2021-10-19（001）.

3 文中提及的文物编号一般为分类号，如无分类号则写出院藏编号。

图3 马王堆一号墓发掘现场

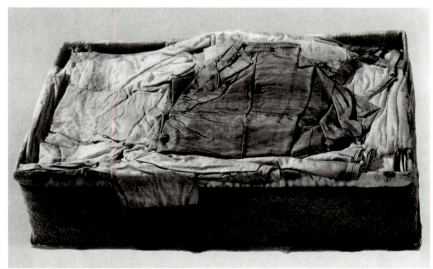

图4 马王堆一号墓盛有衣物的竹笥

针衣、组带等。该边厢的四壁还挂有丝织的帷幔，另有包裹木杖的杖衣、锡铃形器上的丝带。第三，锦饰内棺的内外。棺内有辛追遗体覆盖和包裹的22层丝、麻织物，辛追手握的香囊及脸上的丝织物，遗体周围还填塞和覆盖有一些夹丝绵丝织物；棺外有铺饰在棺板上的铺绒绣和菱形羽毛贴花绢以及头端夹缝中玳瑁璧上的丝织品残片。第四，东边厢还出土盛有竽律管的绣袋、置于65号竹笥的3个香囊和1双鞋。此外，其他竹笥中还有盛放中草药、粮食和其他物品的绢袋；彩绘帛画、着衣木俑衣饰、草席与竹扇的包缘等，亦均由丝帛制成。[1]

三号墓出土的丝织物数量比一号墓多，但保存状况不佳。首先是边厢竹笥中出土成幅丝帛和衣物，根据竹笥木牌记载，南边厢有"素缯笥""锦缯笥""绀缯笥""绮缯笥""绣缯笥""帛缯笥"及"聂（敝）币千匹"两笥共8笥丝帛残片，东边厢有"衣荟乙笥""乙笥"衣服残片，西边厢有"祝衣两笥"残片。其次，内棺内有裹扎遗体的衣衾约18层，棺外有大面积粘贴的"乘云绣"。此外，帛书、帛画材料均为丝织品；而枕头、包袱和琴、竽等乐器的丝织物附件、着衣木俑的衣着材料等均已残朽成碎片。[2]

这些纺织品大部分为丝织品，包括平纹织物、绞经织物、提花织物、刺绣织物、印绘织物、编织物等几大类。织物品种有绢、纱、罗、绮、锦、组、绦等，主要有冠帽、绵袍、夹袍、单衣、单裙、夹袜、手套、鞋、组带、绦带、绵衾、绣枕、香囊、枕巾、几巾、鞋、针衣、镜衣、镜擦、瑟衣、竽衣、杖衣、夹袄、聂币、竽律袋、土珠袋、药草袋、盛物袋、帷幔、丝绵及绢、纱、罗、绮、锦、麻布等四季服装、起居用品、衣物饰品、丝织面料等，一应俱全。制作工艺有印染、刺绣、印花、彩绘等。其种类之丰，数量之多，工艺之精，部分衣物保存之好，均为中国考古史上罕见。它们全面反映了汉初的纺织成就和工艺水平。其中，有薄如蝉翼、轻若浮云的素纱单衣，一件49克，另一件48克，是迄今所见最早、最薄、最轻的服装珍品，是西汉时期纺织巅峰之作，代表了汉初养蚕、缫丝、织造工艺的最高水平；有以前考古从未发现过的丝质手套、夹袜，有迄今为止发现的最早的丝织保健药枕"长寿绣"枕，有最早的三版套印的印花织物金银色火焰纹印花纱，有最早的印花和彩绘相结合的丝织物印花敷彩纱，有最早的平针刺绣品树纹铺绒绣，有我国最早发明创造的绒类织物绒圈锦，有最早用篆文作织物装饰图案的"千金"绦，有最早织入吉祥语句的丝绵袍，还有在绢、绮、罗上刺绣的各类精美绣品，如"长寿绣""信期绣""乘云绣"等，均为汉代高超纺织工艺的极品。

三、马王堆汉墓丝织品特色

马王堆汉墓出土纺织物绝大多数为丝织物，绢、纱、罗、绮、锦品种齐全，印染、刺绣、印花、彩绘装饰工艺兼备，部分保存完好，色彩鲜艳，工艺精湛，见证了汉初纺织业的卓越成就，堪称"地下丝绸宝库"。下面分类介绍。

（一）绢类

绢是一种平纹组织丝织物，以两根经线和两根纬线一上一下交织组成。马王堆汉墓出土的单幅和成品类绢织物保存较完整的共有96件（组），出土于马王堆一号墓和马王堆三号墓中。汉代的平纹丝织物，一般称之为缟、素，也就是绢，而其细密者则称之为缣。由于疏密程度现已无法确知，绢和缣很难区分，因此在平纹织物中，除将经纬线稀疏得可以看出明显方孔者称为纱外，其他平素的平纹织物，一概统称为绢。这是当时使用最普遍的一种平纹丝织物。在出土的各种衣物中，绢的使用最为普遍。

马王堆一号墓竹笥内出土保存完整的单幅绢织物共22件（图5-1，图5-2），包括用作绣品地的4幅；成品有白绢单衣、绢裙、绢袜等；生活用品类有盛土珠的绢囊、盛豆类的缣囊、褐色绢药袋等。丧葬礼仪中用的有菱形羽毛贴花绢、黄棕绢盖鼻、黄绢组带等。马王堆三号墓竹笥内出土的保存完整的单幅绢织物共14幅，包括用作绣品地的4幅。

除只包含绢品种的绢织物外，绢更多地作为衣物及其他用品类的面、缘、里使用，如绢面的

1　湖南省博物馆，中国科学院考古研究所. 长沙马王堆一号汉墓 [M]. 北京：文物出版社，1973.

2　湖南省博物馆，湖南省文物考古研究所. 长沙马王堆二、三号汉墓 [M]. 北京：文物出版社，2004.

图 5-1　马王堆一号墓褐色绢
（院藏编号：6235　分类号：340-8）

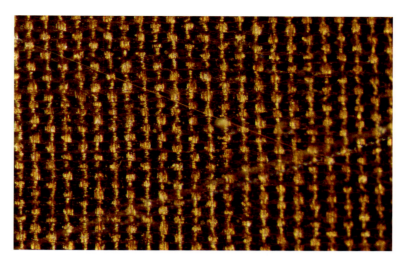

图 5-2　褐色绢立体显微镜照
（院藏编号：6235　分类号：340-8）

丝履、针衣，手套的掌面、指、腕，镜衣的底、筒，帷幔的缘、襟等。结合绢的粗细、经纬疏密程度，可以得出以下规律：大体说来，经线密度为每厘米100根以上的细绢，多用作绵袍（包括夹袍）、几巾、枕巾、夹袄等的缘，并用以制作香囊和手套等；经线密度为每厘米60—100根的绢，主要见于绵袍、夹袄、几巾和枕巾的里，并用以制作裙、袜等；经线密度为每厘米60根以下的粗绢，使用较少，仅见于个别衣物的里部和若干盛物袋（如药草袋）。最粗的绢是作为一号墓441号单层五子漆妆奁夹袄的里，经线密度为每厘米34根。

（二）纱类

纱是指经纬丝加捻，密度稀疏得呈现方孔的平纹组织，即所谓的"假纱罗织物"。马王堆汉墓纱类织物保存较完整的共计37件（组），主要出土于马王堆一号墓和三号墓。

马王堆一号墓出土完整的单幅纱共有7幅。其中藕色纱4幅（图6-1，图6-2）、印花敷彩纱1幅和金银色火焰纹印花纱2幅。7幅纱的经纬丝都较均匀，密度相同或相近，经线密度为每厘米58—64根，纬线密度为每厘米40—58根，纱孔方正，质地轻薄，厚度为0.05—0.08厘米。每平方米纱重较轻的仅略高于12克。边维为双经单纬，两边有明显的幅撑眼。纬丝强捻，捻向一致，多为Z向；经丝弱捻，是Z、S向交错的不规则排列，因而幅面有皱纹现象。这种结构精密细致、方孔均匀清晰的纱，纺织时如果没有纺车和筘，那是不能设想的。

马王堆一号墓竹笥中出土的用纱制作的衣物共有5件。其中329-5号和329-6号2件为素纱单衣，329-12号、329-13号和329-14号3件丝绵袍的面都是用的印花敷彩纱。由此可知，纱在当时是一种只在一定用途上使用的质量较好的织物。

除了单幅纱及成衣之外，还有纱类聂币等。另马王堆一号墓内棺还出土有用印花敷彩纱作面料的绵衾和绵袍的残片。

马王堆三号墓出土的纱主要为遗体上捆扎的棕色方孔纱织带、绉纱、漆缅纱冠、纱冠及纱类聂币等。

马王堆三号墓出土有绉纱，不同于一号墓。绉纱在古代称为縠。三号墓出土简396记有"鲜支襌衣一縠掾（缘）"，简388记有"白縠表二素里其一故"，表明随葬有用縠制作或作缘边的服饰，但因竹笥中出土服饰残朽严重，难以确认其品类。

马王堆三号墓出土了一顶漆缅纱冠及一件纱冠，在一、三号墓中出土的帛画、木俑以及遣册中也有相关资料可以相互印证。这件漆缅纱冠是我国迄今发现的保存最好、年代最早的一件。

图6-1 马王堆一号墓藕色方孔纱
（院藏编号：6262 分类号：340-2）

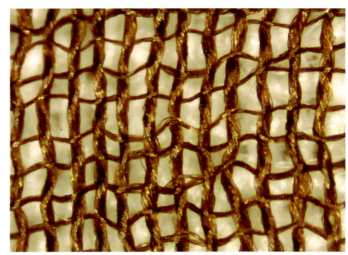

图6-2 藕色方孔纱立体显微镜照
（院藏编号：6262 分类号：340-2）

（三）罗类

罗是一种质地轻薄、丝缕纤细、绞经与地经线相互绞转形成网纹的绞经提花织物。马王堆一号墓出土了大量完整的单幅罗以及用罗作地的衣物，马王堆三号墓出土的罗多作残片。

马王堆汉墓出土的罗全部都是菱形纹罗，图案为纵向的瘦长菱形，两侧各附加一个不完整的较小菱形，通过叠加组合形成的纹样，形状与俯视的耳杯相似，所以也称为杯纹。菱形纹线条简洁明了，有一种向四周无限延伸的张力，寓意着繁衍生息、福寿延绵，因此也成为汉代丝织物主要的装饰纹饰。它以粗细线条构成耳杯状菱形图案，虚实两行相间排列，粗花纹线条挺秀，菱形环相扣，大小套叠组成四周对称图案；细花纹工整精细，上下对称，图纹清晰可见，地部网孔雅致均匀，花地分明。罗的经纬密度一般为每平方厘米100根×35根左右，也有较稀疏的，如一号墓竹笥340-20号和340-21号两幅罗，为每平方厘米64根×40根，全幅实纹11—14个单元，虚纹11—13个单元，每一单元长5厘米左右，宽2厘米左右，两侧靠近边维的单元往往稍大。这些罗的菱形图案，外廓基本相同，内部结构可分为两型。

Ⅰ型：菱形瘦长，粗花纹上下、左右对称，双耳内有单菱形"田"字纹左右对称，上下则以双菱形"田"字纹图案对称。细花纹以双菱形"田"字纹图案为中心，上下、左右图案对称。（图7-1，图7-2）

Ⅰ型菱形纹罗，根据细花纹的不同，还可以分为Ⅰa型和Ⅰb型。

Ⅰa型：粗花纹和Ⅰ型一致，细花纹略有差异。细花纹以双层菱形图案为中心，左右图案呈单菱形"田"字纹对称。（图8-1，图8-2）

Ⅰb型：此种图案发现在一号墓褐色菱形纹罗丝绵袍（357-1）上。粗花纹和Ⅰ型一致，细花纹以双层菱形图案为中心，左右花纹呈菱形对称。（图9-1，图9-2）

Ⅱ型：粗花纹双耳上下、左右对称，内部由菱形纹构成。细花纹上下对称，图案中心以变体"3"字纹贯穿上下，左边为双菱形"田"字纹，右边则为单菱形"田"字纹，呈现出一种不对称的美感。（图10-1，图10-2）

从织造技术看来，罗的工艺是比较复杂的。地纹部分为大罗孔，四纬一个循环；菱形纹部分为小罗孔，两纬一个循环。用在衣服上的菱形纹罗较细密，香囊等物品上的较稀疏。以马王堆一号墓340-18菱形纹罗为例，一个组织循环有经丝332根，纬丝204根。经丝中，地经和绞经各占一半，即均为116根，二者相间排列。地经有81根是对称的（在实纹处），需41个提升动作，其余85根为非对称性的，共需126个单独提升动作加以控制。而绞经则可由绞经综统一控制。纬丝的半数系经动作，可由踏木控制，另外102根因图案上下对称，需52个动作。据推测，这样错综复杂的动作，上机时需要有提花束综装置和绞经综装置相配合，并需二人协同操作，一人专司绞综和下口综踏木，并投杼工作，另一人专司挽花，才能织成这种罗孔清晰、花地分明的菱形纹罗。

　　马王堆一号墓竹笥内出土完整的单幅罗共10幅，其中褐色菱形纹罗6幅、朱红色菱形纹罗2幅，还有用菱形纹罗作地的"信期绣"2幅。罗作为当时较好的丝织物，在出土衣物中使用较少，一号墓中绵袍、夹袍、香囊、手套、帷幔等10多件衣物、用具使用罗作为面料（见表1），其中6件用作"信期绣"的地。7件袍的用料，表面为菱形纹罗，其中4件用罗作"信期绣"的地。值得注意的是，马王堆汉墓出土的菱形纹罗织物只作"信期绣"的地。另外，聂币和针衣也使用了菱形纹罗。戴冠男俑、歌舞俑、彩绘俑等10余件木俑也穿着或绘制菱形纹罗长袍。

表1　马王堆一号墓出土完整衣物、用具使用菱形纹罗情况

序号	文物分类	名称	部位	经纬密度（根／厘米²）	备注
1	65-2	香囊	腰	88×30	信期绣
2	65-4	香囊	腰	76×34	信期绣
3	357-1	绵袍	面	120×40	/
4	357-4	绵袍	面	120×40	/
5	329-8	绵袍	面	88×32	/
6	329-10	绵袍	面	96×34	信期绣
7	329-11	绵袍	面	120×38	信期绣
8	357-2	绵袍	面	96×34	信期绣
9	437-1	夹袍	面	96×34	信期绣
10	443-2	手套	掌面	112×32	/
11	443-3	手套	掌面	104×38	/
12	476	帷幔	面	/	/
13	337-2 ③	聂币	面	/	/
14	443-12	针衣	里	/	/

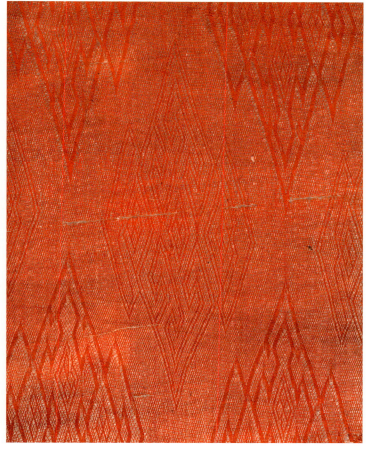

图7-1　Ⅰ型菱形纹罗纹样

图7-2　马王堆一号墓朱红色菱形纹罗局部

（院藏编号：6252　分类号：354-1）

图8-1　Ia型菱形纹罗纹样

图8-2　马王堆一号墓内棺菱形纹罗残片局部
（院藏编号 LMS4422）

图9-1　Ib型菱形纹罗纹样

图9-2　马王堆一号墓褐色菱形纹罗丝绵袍局部
（院藏编号：6284　分类号：357-1）

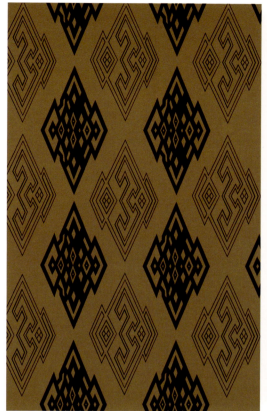

图10-1　Ⅱ型菱形纹罗纹样　　　　图10-2　马王堆一号墓褐色菱形纹罗局部

（院藏编号：6256　分类号：340-18）

（四）绮类

　　绮是使用一组经丝和纬丝交织的单色、素地、生织、练染的提花织物，属于平地起斜纹花类的织物，质地较松软，光泽柔和，色调匀称。《说文解字》将绮定义为一种有图案的纺织物，即"绮，文缯也"[1]。《释名·释采帛》则云："绮，敧也，其文敧邪，不顺经纬之纵横也。有杯文形似杯也，有长命其彩色相间，皆横终幅，此之谓也。言长命者服之使人命长，本造者之意也。有棋文，方文如棋也。"[2]这些记载说明，花纹图案不顺经纬方向，而由斜向线条构成，是绮的重要特征，也是绮独特的美学设计。因为绮以斜向线条构图为特点，所以菱形纹为主的各类几何纹构成绮中常见的纹饰单元。马王堆汉墓出土的绮类织物相对较少。一号墓出土于竹笥内的完整的绮有3幅，其中2幅为菱形纹绮，1幅为对鸟菱形纹绮。以绮地刺绣的成品仅见香囊（65-1）、竽律衣（78-1）、枕巾（446）3件，内棺有2件绵衾是在绮地上刺"乘云绣"，现均为残片。另在近年的整理工作中，发现有50余片对鸟菱形纹绮夹丝绵残片，最大的尺寸为长34厘米，宽33厘米（院藏编号：ZMS2031）；三号墓竹笥内出土了数量较多的绮类织物，大多为残片。对鸟菱形纹绮多出土于南边厢123号竹笥里，其对应的木牌为"绮缯笥"。西边厢21号竹笥出土有褐色对鸟菱形纹绮丝绵袍残片90多片，其对应的竹笥木牌为"祝衣两笥"中的一笥。内棺遗体包裹服饰中也有一件褐色绮夹袍，已朽为残片。

　　对鸟菱形纹绮是对鸟变形纹和花卉纹相结合组成的菱形四方连续图案纹饰，在汉绮织物上第一次出现。以一号墓出土的黄褐色对鸟菱形纹绮（340-25）为例，此绮经纬密度为每平方厘米100根×46根。图案为纵向的连续菱形纹，再在菱形内填以横向的花纹，每组3层，分别为对鸟和2种不同的菱形花。全幅6组，每个菱形纹长6.2厘米，宽4.8厘米。在一个花纹循环内，上下左右以细线条回纹组成菱形几何图案，竖向用上下对称形以平纹式分成两排，对鸟纹、两种菱形花草纹交替分布在菱形线条框子内，从而使纹样达到变化多样、生动活泼的效果。这种对鸟菱形纹绮的组织，地部为平纹，单层平织，花纹为三上一下右斜纹经面组织，由于花纹组织循环大，一般素机无法织制，要用提花束综装置才能达到织制要求。

1　许慎. 说文解字 [M]. 北京：中华书局，1963：273.

2　王先谦. 释名疏证补 [M]. 上海：上海古籍出版社，1984：225-226.

（五）锦类

锦是由两根或两根以上的经丝和一根纬丝交织的经二重织物，经线起花，织纹精巧，色彩有两色、三色，以两色为多，经密纬疏，紧实华丽，是战国至西汉初年发现的丝织品中非常珍贵的一种，比其他种类的丝织品价值更高。从出土实物和古文献的记载来看，到战国时期，锦的纹饰已经非常多样化了，且颜色鲜艳；至汉代，锦的种类和工艺都有新的进步。

马王堆汉墓出土锦类纹饰共10余种。一号墓出土鹿纹锦、花卉纹锦、波折纹凤纹锦、茱萸纹锦、几何纹锦、几何纹绒圈锦等几种。三号墓出土游豹纹锦、夔龙纹锦、朱龙纹锦、波折纹凤纹锦、几何纹锦、几何纹绒圈锦、棕色锦（纹饰已辨认不出）等几种。

从出土的位置来看，锦类织物主要出土于边厢竹笥、边厢成品服饰及内棺。

边厢竹笥衣料：一号墓西边厢340、354号竹笥中出土花卉纹锦、波折纹凤纹锦、几何纹锦3种，三号墓南边厢104、123、180号竹笥中出土夔龙纹锦、几何纹锦、波折纹凤纹锦、朱龙纹锦、棕色锦、几何纹绒圈锦6种，均成卷放入竹笥内作为衣料陪葬，除几何纹锦、几何纹绒圈锦外，其余种类不见运用于出土的成品服饰。

边厢成品：边厢出土成品用锦的情况，一号墓茱萸纹锦仅见于北边厢出土绣枕两侧，鹿纹锦见于西边厢瑟衣、竿衣，几何纹锦见于木俑服饰，几何纹绒圈锦见于香囊、镜衣的底部和绵袍、夹袍、几巾、枕巾的边缘。西边厢出土于357、329号竹笥中的有保存完好的3件以绒圈锦为缘的绵袍（329-10、357-3、357-5）；三号墓北边厢出土游豹纹锦枕、几何纹锦残片、几何纹绒圈锦等。几何纹锦见于香囊底，几何纹绒圈锦也见于其他边厢随葬品，如香囊底、聂币、席边、竹笥内衣物残片等。

棺饰及内棺：发掘报告记载一号墓内棺中包裹遗体和覆盖物共22件，其中可明确有2件绵衾（内3）、2件绵袍（内14、内32）用几何纹绒圈锦为缘，其他残损太甚，无法判断。三号墓内棺四周装饰几何纹绒圈锦，所以绒圈锦残片数量比一号墓多。三号墓内棺中包裹遗体和覆盖丝织物大约18层，其中第一层夹衾、第三层夹袍、第七层夹衾以绒圈锦作边缘装饰，第八层夹袍以锦作边缘装饰（种类不详）。

这些锦类织物均用桑蚕丝，经染色后织造。经丝的排列或2根为一组，或3根为一组，也有甲、乙、丙、甲、丙5根为一组的。锦经线密度为每厘米112—156根，纬线密度为每厘米40—58根。绒圈锦一般4根为一组经线，经线密度为每厘米176—224根，纬线密度为每厘米41—50根。绒圈锦是马王堆汉墓出土丝织物中织造工艺最高级、最复杂的种类，大致分为以下四型。

Ⅰ型：残片上观察到有4—5种几何图形，均以空心线条勾勒，几何纹在纵向上循环重复。此型图案排列整齐有规律，主要见于一号墓出土几何纹绒圈锦衣衾缘残片上。（图11-1，图11-2）

Ⅱ型：几何纹呈斜排排列，每斜排2—4种纹饰循环。从现存残片观察，每片所选取的几何纹无明显规律，纹饰相对其他绒圈锦更密集和复杂。近距离看纹饰多样，远距离看成行成列，整齐规律。（图12-1，图12-2）此型绒圈锦纹饰见于一号墓北边厢绣花夹袍领缘、袖缘（437-2），三号墓内棺衣衾及棺外装饰（内-1）等。

Ⅲ型：此型绒圈锦在纵向上排列1—2种几何纹，在横向上有几何纹样20多种，几何图形之间饰以断续的虚线点纹，使得每个纹样都在一个近似菱形的格子中。（图13-1，图13-2）此型绒圈锦纹饰见于一号墓内棺几何纹绒圈锦残片（内9叠内6）、一号墓北边厢五子漆妆奁的镜衣（441-3）等。

Ⅳ型：此型绒圈锦在Ⅲ型的基础上增加了地纹，地纹为曲折的菱形纹，几何绒圈纹饰分布其间，排列相对稀疏。绒圈纹样与地纹相互衬托，错落有致，层次分明。（图14-1，图14-2）此型绒圈锦纹饰见于一号墓357竹笥出土的"长寿绣"丝绵袍锦缘（357-3）、一号墓内棺罗地"信期绣"绵袍锦缘（内7-6）等。

图11-1　Ⅰ型几何纹绒圈锦纹样

图11-2　马王堆一号墓内棺衣衾缘局部
（院藏编号：6423　分类号：内15-1）

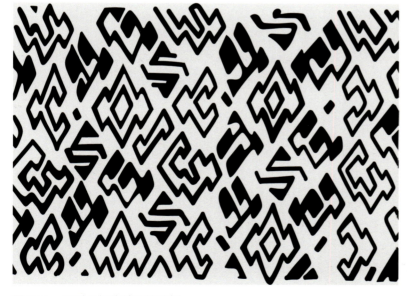

图12-1　Ⅱ型几何纹绒圈锦纹样

图12-2　马王堆三号墓夹衾缘残片局部
（院藏编号：6768　分类号：内-1）

图13-1 Ⅲ型几何纹绒圈锦纹样

图13-2 马王堆一号墓五子漆妆奁镜衣底部局部

（院藏编号：6317 分类号：441-3）

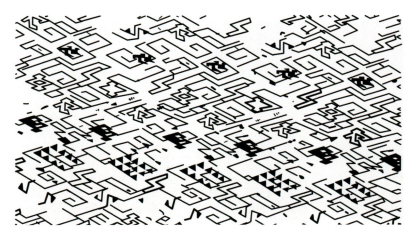

图14-1 Ⅳ型几何纹绒圈锦纹样

图14-2 马王堆一号墓丝丝绵袍几何纹绒圈锦袖口局部

（院藏编号：6348）

图15 锁绣针法示意

1 傅举有. 同云霞媲美 与日月争辉：百年来考古发现的汉代刺绣（上）[J]. 收藏家，2011（12）：64.

（六）刺绣类

马王堆汉墓出土的刺绣品是在绢、纱、罗、绮等丝织物上，以针刺添加彩色丝线，绣出各种色彩绚丽的花纹，品种多样，保存较好，证实了西汉时期刺绣的发达。与同墓出土的遣册记载进行对照，可知其中纹样最多的是"信期绣""长寿绣""乘云绣"。根据对一号墓21件保存较好的衣物和棺内所出13件衣衾残片的统计，"信期绣"最多，有19件，其中12件用罗作坯料，6件用绢作坯料，1件用绮作坯料；"长寿绣"7件，全用绢作坯料；"乘云绣"8件，其中3件用绮作坯料，5件用绢作坯料。此外，在"聂币"笥中见有用纱作坯料的"信期绣"，但数量极少。"信期绣"图案纹样单元较小，线条细密，做工精巧，并用较好的罗作坯料，而另两种绣的图案纹样单元较大，线条比较粗放，不用罗作坯料。可见这3种绣是当时社会上流行的高贵绣品，而"信期绣"更是刺绣中的上佳珍品。

马王堆汉墓出土的各类精美绣品，针法细腻流畅，艺术性比锦更高。除见于遣册记载的三大绣外，还有茱萸纹绣、方棋纹绣、蚕纹绣。纹样均运用锁绣法绣出。锁绣针法第一针刺在花纹的开端，由底部向上单线起针，将绣线绕成一个圈形，在第一针的附近下第二针，在圈内的第一、二针的上方起针，便形成锁绣的第一环，依此循环往复，绣出图稿设计的线条。这种针法是由绣线环圈套锁而成，绣纹效果酷似一条锁链，因此称为锁绣法，又因为绣纹的外观像辫子，所以俗称辫子股绣。[1]（图15）锁绣擅长表达整洁流畅的线条，使绣面在保持规整同时又添出无限生机。以锁绣针法用绛红、朱红、土黄、金黄、深蓝、藏青、橄榄绿、草绿等各色丝线绣出穗状流云、卷草、花蕾、叶瓣、凤鸟等，粗细线条结合，明纹暗纹相间，花纹既瑰丽奇特，又飘逸浪漫，充分显示了汉代刺绣熟练的技巧和出众的的艺术性。

图16-1　Ⅰ型"信期绣"纹样

图16-2　马王堆一号墓绢地"信期绣"局部
（院藏编号：6233　分类号：354-20）

图17-1　Ⅱ型"信期绣"纹样

图17-2　马王堆一号墓菱形纹罗地"信期绣"丝绵袍局部
（院藏编号：6287　分类号：329-10）

1. 信期绣

　　"信期绣"用朱红、棕红、深蓝、深绿、橄榄绿、金黄、绛红、紫灰等多色丝线，绣成穗状流云纹、卷枝花草纹等图案。穗状流云纹中有似燕的长尾鸟图案，寓意"似燕归来"，燕为信期归来的候鸟，故墓中随葬品清单遣册称之为"信期绣"。图案单元较小，针脚一般长0.1—0.2厘米；整体以云气纹为主，以变形卷枝花草纹为辅，烘托鸟纹，极富艺术色彩与浪漫情调。根据花纹繁简的不同，可以将其分为三型。

　　Ⅰ型：图案单元长约9.5厘米，宽约7.5厘米，以朱红、浅棕红、深蓝、深绿色丝线绣成。主要特点是图案单元仅有两朵穗状流云，上面一朵为浅棕红色，云头一侧与深蓝色卷枝花草相连，

图18-1 Ⅲ型"信期绣"纹样

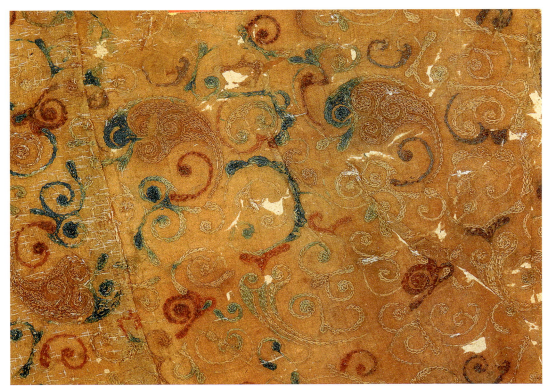

图18-2 马王堆一号墓内棺绢地"信期绣"单衣残片局部

（院藏编号：6415 分类号：内11-2）

下面一朵为朱红、深绿二色。两朵流云周围的卷枝花草，基本为深蓝色或深绿色，间以若干朱红色的叶瓣。"信期绣"中，此种类型的花纹出现最多，一号墓354号竹笥中就出土有多幅，部分绣线已褪色。（图16-1，图16-2）

Ⅱ型：图案单元长11.5厘米，宽5.5厘米，以绛红、朱红、黄色丝线绣成。"信期绣"的针脚长0.16厘米，线径长0.05厘米。主要特点是图案单元穗状流云有三朵，其形态写意，似长尾燕，中间一朵为绛红色，上下两朵均为黄、绛二色，流云周围的卷枝花草基本为黄色，间以若干朱红色叶瓣。此型"信期绣"见于马王堆一号墓罗地"信期绣"丝绵袍（329-10）和黑色菱形纹罗地"信期绣"丝绵袍残片（内14）上。（图17-1，图17-2）

Ⅲ型：图案单元长14厘米，宽9厘米，以深蓝、浅棕红、紫灰与橄榄绿四色丝线绣成。主要特点是图案单元有两朵比较肥大的穗状流云纹，纹饰饱满飞扬，色彩层次丰富。上面一朵为浅棕红色，云头一侧与深蓝色卷枝花草相连，下面一朵为橄榄绿色。流云周围的卷枝花草基本为橄榄绿、紫灰和深蓝三色。此型"信期绣"目前在一号墓绢地"信期绣"单衣（内棺内11）和三号墓南边厢180号"绣缯笥"竹笥内有发现，部分绣线已褪色。（图18-1，图18-2）

2. 乘云绣

"乘云绣"名称来自随葬品清单遣册，因为绣有这种类型花纹的枕巾，在遣册上被称为"乘云绣"。该绣采用锁绣法以朱红、浅棕红、浅绿、草绿、橄榄绿、灰绿、金黄、深蓝等多色丝线绣出飞卷的流云和云中隐约露头的凤鸟，寓意"凤鸟乘云"。根据花纹繁简的不同，可以将其分为五型。

Ⅰ型：图案单元长17厘米，宽14.5厘米。纹样中有带凤眼状的桃形花纹、S形花纹和云纹，其中桃形花纹与S形花纹皆以凤眼对称。几何纹、植物纹和动物纹相互交替分布，构图形式为二方连续，单元纹样分布错落有致，线条配置匀称，画面生动活泼。属于此型的"乘云绣"有一号墓的竿律衣（78-1）、枕巾（446）和内棺2件残绵衾（内3）等。（图19-1，图19-2）

Ⅱ型：其整体结构与Ⅰ型相同，但凤首与细节有所不同。凤首变窄长，整体线条较Ⅰ型更粗犷些。桃心形凤首一侧为嘴，吐出祥云，靠近深色祥云骨架的一侧，为回钩状呈现出桃心的形状，S形纹样以眼睛为对称轴分布，此型绣品马王堆一号墓枕巾（444）、绢地"乘云绣"单衣（内棺内8）上有典型纹样。（图20-1，图20-2）

图19-1　Ⅰ型"乘云绣"纹样

图19-2　马王堆一号墓内棺绮地"乘云绣"绵衾残片局部
（院藏编号：6373　分类号：内3-1）

图20-1　Ⅱ型"乘云绣"纹样

图20-2　马王堆一号墓内棺绢地"乘云绣"单衣残片局部
（院藏编号：6474　分类号：内8-13）

图21-1　Ⅲ型"乘云绣"纹样

图21-2　马王堆一号墓内棺绢地"乘云绣"单衣残片局部
（院藏编号：6394　分类号：内8-1B）

图 22-1 Ⅳ型"乘云绣"纹样

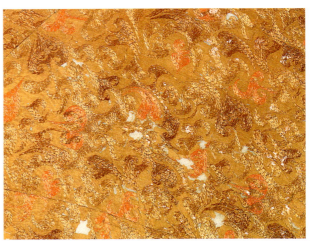

图 22-2 马王堆一号墓内棺绢地"乘云绣"单衣残片局部
（院藏编号：6473 分类号：内 8-12）

图 23-1 Ⅴ型"乘云绣"纹样

图 23-2 马王堆一号墓内棺绢地"乘云绣"丝绵袍残片Ⅴ型
"乘云绣"局部（院藏编号：6487 分类号：内 13-1）

  Ⅲ型：凤首纹样明显区别于Ⅱ型纹样，与Ⅱ型纹样相较，以眼睛为对称轴的S形纹样变化为C形，靠近靛蓝色云纹的一侧为圆弧形。此种纹饰的"乘云绣"，也见于马王堆一号墓绢地"乘云绣"单衣（内棺内8）上。（图21-1，图21-2）

  Ⅳ型："乘云绣"纹样中凤首纹样的轮廓由两个圆弧形相对而成。此型"乘云绣"在一号墓绢地"乘云绣"单衣（内棺内8）上也有发现。（图22-1，图22-2）

  Ⅴ型：此纹样目前在残片中没有发现整片规则的单元纹样，零星出现于残片中。此纹样以凤首眼部为圆形，尖嘴，眼周绣出以圆眼为对称的图形，似两个尾尾相对的桃心形。此型乘云绣在一号墓绢地"乘云绣"丝绵袍（内棺内13）上有发现。（图23-1，图23-2）

3．长寿绣

  "长寿绣"名称来自随葬品清单遣册，因为在一号墓中绣有这种纹样的几巾（439）、镜衣（443-7）和夹袱（441-1），在随葬品清单遣册中均称之为"长寿绣"，故名。该绣品是在绢上用绿、黄、红、青、灰、蓝等色丝线，以锁绣针法绣出穗状流云纹、花蕾、枝叶以及流云中的凤鸟纹、龙首纹。马王堆汉墓出土的各种刺绣品中，"长寿绣"图案单元中的穗状流云最为丰富。根据花纹繁简和细部的不同，发掘报告将"长寿绣"分为四型。

图24-1　Ⅰ型"长寿绣"纹样

图24-2　马王堆一号墓内棺绢地"长寿绣"丝绵袍残片局部
（院藏编号：6433　分类号：内4-12）

图25-1　Ⅱ型"长寿绣"纹样

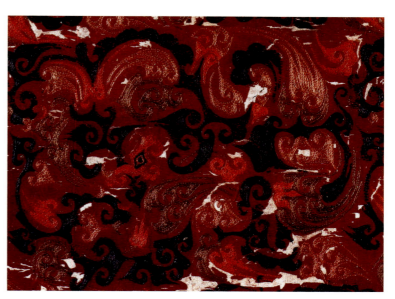

图25-2　马王堆一号墓内棺绛红色绢地"长寿绣"丝绵袍残片局部
（院藏编号：6366　分类号：内1-1A）

　　Ⅰ型：图案单元长23厘米，宽16.5厘米，含有10余朵穗状流云、藤蔓式卷草、花蕾和单花蕾冠的凤鸟纹等。图案单元中的凤鸟纹、略呈品字形分布的三种穗状流云和单元中部有两组三个圆点等特征，是Ⅰ型"长寿绣"的典型特点。"长寿绣"中，这种类型的花纹在一号墓中出现最多，如几巾（439）、镜衣（443-7）和夹袱（441-1），以及棺内包裹尸体的残绵衾（内4）等，都属于此型"长寿绣"。（图24-1，图24-2）

　　Ⅱ型：图案单元长21厘米，宽15.5厘米，以用朱红、绛红、橄榄绿和深蓝四色丝线绣成。穗状流云为绛红、橄榄绿二色，流云间填以深蓝色的云纹，以及若干朱红色的花蕾和叶瓣。单元中央有一带蓝色眼状图案的朱红色龙首花纹，是其显著的特点。这种类型的"长寿绣"，仅见于一号墓内棺覆盖在尸体包裹上部的内1层绛红色绢地"长寿绣"丝绵袍上。（图25-1，图25-2）

　　Ⅲ型：图案单元长30厘米，宽21.5厘米，以朱红、金黄、土黄和绿四色丝线绣成。每个单元共有穗状流云20余朵，分别为朱红、金黄和绿三色，穗状流云间填以土黄色的云纹。单元的一端，有朱红色的一个头状花纹和两个如意状花纹，另一端有朱红和土黄色的如意状花纹各一个。这种类型的"长寿绣"，仅见于一号墓竹笥357-3号绛紫色绢地"长寿绣"丝绵袍上。（图26-1，图26-2）

图26-1 Ⅲ型"长寿绣"纹样

图26-2 马王堆一号墓绛紫色绢地"长寿绣"丝绵袍局部

（院藏编号：6290 分类号：357-3）

图27-1 Ⅳ型"长寿绣"纹样

图27-2 马王堆一号墓内棺绛红色绢地"长寿绣"丝绵袍残片局部

（院藏编号：6372 分类号：内1-7A）

Ⅳ型：图案单元长30厘米，宽23.5厘米，以朱红、浅棕红、橄榄绿、深蓝四色丝线绣成。穗状流云为朱红、浅棕红和橄榄绿三色，流云间则填以深蓝色的云纹，构图较为疏朗。这种类型的"长寿绣"，也仅见于一号墓内棺覆盖在尸体包裹上部的内1层绛红色绢地"长寿绣"丝绵袍上。（图27-1，图27-2）

四、马王堆汉墓丝织品研究现状

马王堆汉墓丝织品出土至今已有50多年，除了发掘报告《长沙马王堆一号汉墓》《长沙马王堆二、三号汉墓》，《长沙马王堆一号汉墓出土纺织品的研究》《马王堆汉墓服饰研究》及湖南博物院出版的一些相关图录收录了部分较完整的衣料衣物外，尚有大量的丝织品残片没有分类整理研究。据不完全统计，目前以已公布资料为基础发表的有关马王堆汉墓丝织品研究的著作、论文有180余种（篇），主要涉及丝织品的历史、品种、原料、工艺和分析检测、成品服饰和用具、保护与复原、综合比较等，研究成果仍停留在早期考古数据、历史文化研究、艺术研究和少数实验室测试数据上。由于客观条件的限制，已经发表的资料较少，科学检测采集的样品极为有限，因此，深化研究的空间还非常大。

马王堆汉墓丝织品反映了汉代在缫丝、织造、印染、刺绣、图案设计方面达到的高度。可以看出，汉代丝织业已朝着技能专业化方向迈进，工艺日益复杂，技能分工更加细化，从缫丝、拈丝、纺线，到织、印、染、绣，每个环节都开始发展出日益繁复的专业技术，以及相应的专用工具、设备和材料。马王堆汉墓丝织品为研究汉代乃至中国纺织史提供了极为珍贵的资料。

对这批丝织品的整理与研究，会涉及社会科学、自然科学等众多学科。我们希望通过跨学科、多单位的合作研究，加大马王堆汉墓丝织品的研究力度，在丝织品工艺、纹饰、颜料染料检测、保护复原、服饰形制等多个独特的研究领域有新的尝试和突破，并获得多个研究领域的创新性研究成果；同时深化考古学研究的内容，为同类研究提供可参考的科学数据，为全国不同时期，尤其是汉代丝织品的保护、修复、复原提供更多的实例和经验。

五、重点研究方向梳理

马王堆汉墓出土了大量丝织品，有成批的衣料、成件的服饰和用具，也有上万件的丝织碎片。如何对这批珍贵资料进行整理与研究，是我们必须重视的问题。对马王堆汉墓出土纺织品进行科学整理和多学科的综合研究已非常必要。以下五个方面是我们目前应该重点关注的研究方向。

（一）对丝织品织造和编织工艺的研究

西汉纺织织造和编织工艺较战国时期有了极大的发展和提高。从马王堆汉墓出土的实物看，当时的织物品种特别是丝织品的发展相当丰富，有绢、纱、罗、绮、锦以及编织物等品种，形成了一个完整体系。它们可以分为平纹素织物、绞经类织物、平纹地提花织物、锦类织物和编织物五大类。这五大类还可根据丝织物织造、用途不同再进行细分。如平纹素织物的绢，是马王堆汉墓丝织品数量最多的一种，可根据经纬密度、粗细疏密程度大致分为细绢、粗绢，这些绢应用于不同的成品中，对它们进行详细的分类、检测和数据采集，有助于绢类丝织物缫丝、织造技术的研究，可为文物保护修复、复制提供基础数据。其他类的丝织物品种也是如此，只有在广泛检测、采集文物数据的基础上进行综合研究，我们才能掌握马王堆汉墓丝织品的织造和编织工艺技术。

（二）对丝织品印染工艺的研究

马王堆汉墓出土的丝织品文物不但品种丰富，而且在色彩、纹样、刺绣以及印花等方面都表现出极高水平，还出土了最早的将印花和彩绘相结合的高级工艺的印花织物。马王堆汉墓丝织品色彩丰富多样，证实了在西汉时期我国植物染料染色已经达到相当高的水平。印花技术的发展为矿物颜料的应用开拓了新的空间。马王堆汉墓丝织品中最重要的矿物染料为朱砂染料，由此可知，西汉时期朱砂染色工艺已经相当成熟。

丝织品对于光照、温度和湿度有很高要求，马王堆汉墓丝织品在发掘50多年后的今天，已有了一些色泽、韧性、纹饰上的变化，所以对其进行全面整理、保护和研究的任务也变得非常紧迫。对马王堆汉墓丝织物上植物染料和矿物染料的染色原料和染色工艺进行探讨，分析研究其颜料种类、色谱分布及色彩褪变的机理，还原西汉早期的染色技术和染色方法，以及对印花的颜料进行判定对比，并对印花的技术进行深入研究，还原汉代印花技术和工艺，这两个问题都值得我们重点关注。

（三）对成品衣物及用品的复原研究

马王堆一、三号墓墓主遗体上，以及三号墓的12个竹笥内，出土了大量的丝织品，还有穿在木俑身上的衣服等，由于保存条件不佳，已严重腐烂，产生了大量的丝织碎片。如何将这些残破的丝织碎片进行分类、组合，使同一件衣服、同一件被衾、同一匹衣料的碎片整合在一起，是我们必须要面对的一个问题。只有将这些碎片准确归类，进行排列、组合、拼缀，才能将不同的衣物、衣料区分开来，复原研究才有可能。

（四）对重点文物的修复保护及仿复制工艺的研究

马王堆汉墓出土的丝织品中，部分文物尤其是成品服饰，保存状况不佳，无法进行展示，需要进行修复、保护。如一号墓出土的"信期绣"夹袍，三号墓出土的漆缅纱冠、小冠等，都亟待修复保护。

在修复保护的基础上，我们还要做好重点文物的仿复制研究工作，主要是为了满足文物日常陈列和文物外展的需要，缓解文物展览与文物保护的矛盾。文物的仿复制工作也是一项非常严谨的科学研究工作，它需要在整理前期研究成果、采集完整数据的基础上进行，要严格按照文物的规格、工艺实施，与其说是仿复制，不如说是模拟复原当时织物的制作流程和执行标准，是文物的再生过程。由此，我们也可以展示西汉时期的纺织技术和纺织工艺等，同时还能全面拓展文化传播渠道，真正达到让文物活起来的目的，进一步继承和弘扬中华优秀传统文化。

（五）对纺织文化的研究

在以上研究的基础上，还要对马王堆汉墓丝织品进行纹样的研究，包括刺绣纹样、印绘纹样和织造纹样以及纹样的分型分式和文化内涵研究；也要对各丝织物品种、成品衣物进行纵向和横向的比较研究，厘清其发展脉络、源流；同时也要对其制造地和制作工具进行溯源研究；另外还要对这些丝织品在社会生活中的作用、价值、影响等进行阐述；等等。对马王堆汉墓丝织品进行相关的文化研究势在必行。

总之，马王堆汉墓丝织品研究目前还存在许多亟待解决的难题，还有许多研究空白需要去填补，这就需要广大研究者齐心协力，通力合作去攻克这些难关。马王堆汉墓丝织品研究任重而道远。

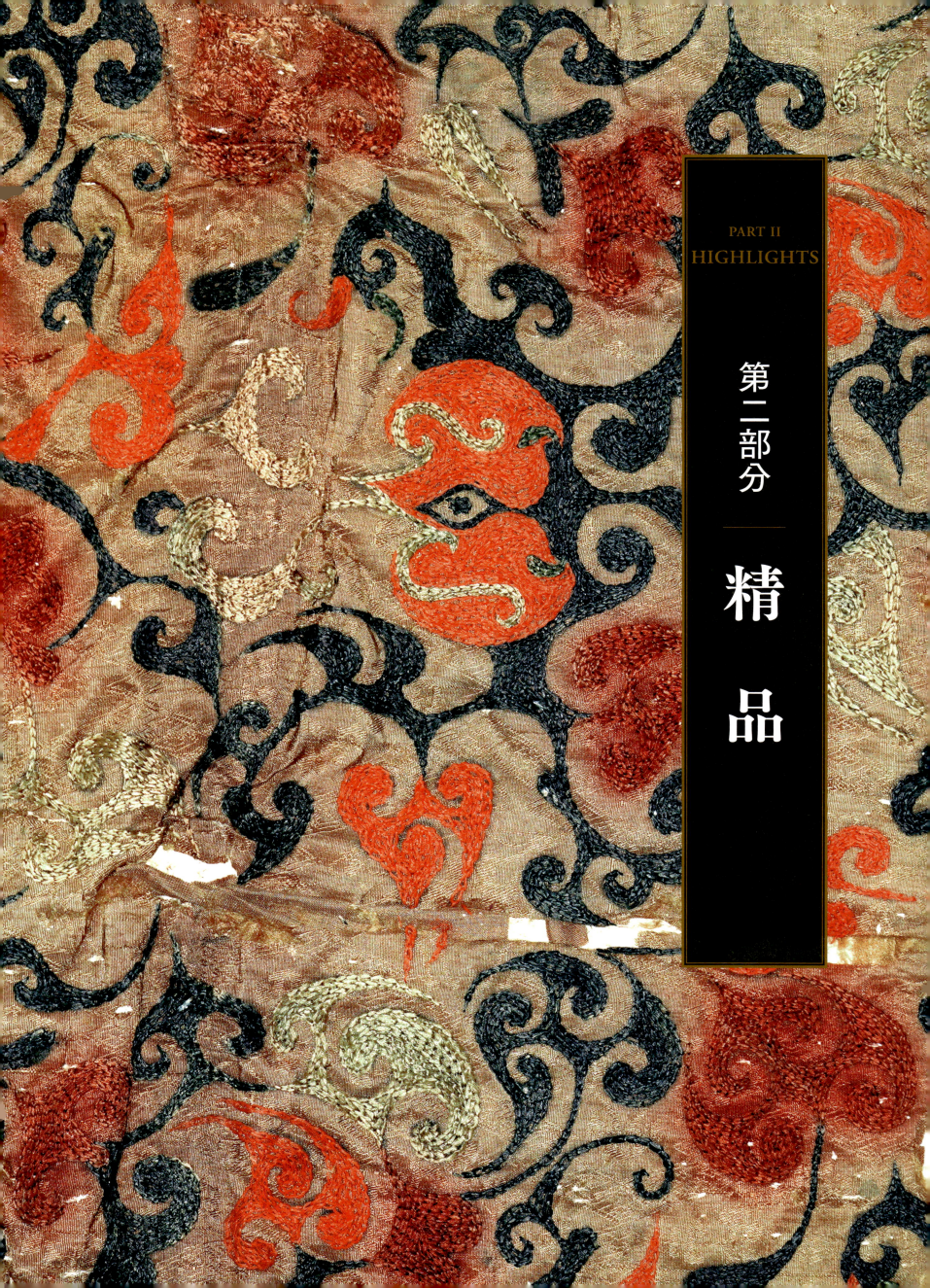

01

朱色彩条对龙对凤纹锦

Silk Fragment with Vermilion Bands and Paired Dragons and Phoenixes

战国（前475—前221）

Warring States Period (475 BCE–221 BCE)

长30厘米，宽9.5厘米

Length 30 cm, width 9.5 cm

1957年湖南长沙左家塘44号墓出土

Unearthed from Tomb No.44 at Zuojiatang, Changsha, Hunan, in 1957

经锦

Jin-silk

院藏编号：6825　分类号：109: 20.3③

Collection Number: 6825　Sub-number: 109: 20.3③

　　长沙左家塘44号楚墓出土对龙对凤纹锦7块，最大的一块残长21厘米、宽12.5厘米。经线密度为每厘米130根，纬线密度为每厘米44根。结构上是双色平纹经锦，每组经线由2种色彩的经丝组成，经线微拈，纬线无拈。中心位置经线分为深棕和浅棕，深棕为地，浅棕显花。朱色彩条部分经线分为朱红和浅棕，浅棕为地，朱色显花。此锦虽为双色经锦结构，但花色实际上有三色。朱色彩条是矿物颜料朱砂染色的丝线织成，颜色鲜艳。在这件锦的标本中，发现一小段锦的边幅，纬丝因每隔三梭与最边沿的经丝扣绕回梭一次，使边沿的经丝出现相应弯曲的情况。[1]

　　在春秋战国时期的许多器物上，动物纹常设计在几何框架中，描绘的动物两两相对或相背站立，并在空白处点缀几何纹，纹饰在规整中又显生气，在框架中达到和谐。这件锦的纹饰以对龙

1　熊传薪. 长沙新发现的战国丝织物 [J]. 文物，1975（2）：49-56.

对凤为主题。纹饰在经向上循环，在纬向上不循环。

残片的主区为对凤纹。两凤相对站立，三角冠，凤身饰圆圈纹，两翅向外张开，表现出振翅欲飞之态，尾羽向下垂顺，饰小足。相对的凤鸟嘴部及腹部、相背的凤鸟颈部均饰几何纹。楚人崇凤，在楚墓出土的漆器、纺织品、玉器等随葬品中留下了许多凤鸟的形象。刺绣图案由于不受纺织技艺、材料创作空间的约束，刺绣中的楚凤有种活泼、流畅、奔放的恣意，多与各种云纹、花草纹相结合，时而变形抽象，时而细致具象。而织锦中的动物纹受到当时织造技术的局限。当时的织机能够织造的最大经向循环是 100 纬，所以纺织品中的凤鸟形象受限，比较抽象，轮廓也较僵硬，线条简洁。这一形象的凤鸟一直延续到西汉，在马王堆汉墓出土的锦中仍然可见。

在凤鸟头顶一端为对龙纹，只能观察到龙的头部和颈部。龙纹部分的经线颜色变为浅棕色，整体比中心主区的颜色浅，到龙的颈部处又变为朱色，这让锦的层次富于变化，分区明显。龙身残缺，但根据其他战国对龙对凤纹锦来看，龙身应呈弓字形弯曲，与对凤纹相对排列。

凤鸟纹下端为朱色花纹区，浅棕色为底纹，朱色显花，纹饰为六瓣花和折线纹组合成的图案交替循环。在朱色花纹下方，残存一排几何纹。

楚人非常擅长用动物相对的弓字形身体结构来构图，现在发现的对龙对凤纹锦，比如美国大都会博物馆馆藏残片、中国丝绸博物馆馆藏的2幅残片、香港私人收藏的残片等都是巧妙地利用了相对或相背的龙纹、凤纹形成纹饰的框架，并在动物身体空白处填充几何图形，构图的思路相同。这幅锦在纹饰的巧思上又增加了色彩的分区，让整幅丝织品更加繁复高级。

02
羽毛贴花绢棺饰
Coffin Decoration with Lozenge Design Pasted with Down Feathers

西汉早期（前206—约前163）

长81厘米，宽41.2厘米

1972年湖南长沙马王堆一号墓出土

绢、羽毛、绦

院藏编号：6339　分类号：456-1

Early Western Han Dynasty (206 BCE–c. 163 BCE)

Length 81 cm, width 41.2 cm

Unearthed from Han Tomb No.1 at Mawangdui, Changsha, Hunan, in 1972

Tabby, feathers, braided bands

Collection Number: 6339　Sub-number: 456-1

　　羽毛贴花绢发现于马王堆一号墓锦饰内棺的盖板及四壁板上，是事先制成块状成品以后，再与铺绒绣一同装饰在内棺上。

　　羽毛贴花绢所用材料为褐色和棕黄色绢、褐色绦带、三种颜色的羽毛。绢是一种双丝细绢，均为平纹组织。其中褐色绢做贴花绢的衬底，棕黄色绢用于镶边和剪刻柿蒂、云形图案。"千金"绦编织结构为斜编结构，是在仅0.9厘米宽的带幅内分成错落有致的三行，利用双层组织结构原理编织出雷纹图案、篆文"千金"字样及明暗波折纹，用它作贴花绢的外围镶边。贴花绢所用三种颜色的羽毛为棕色、黄色、蓝色。

　　棺饰的纹饰设计非常讲究。贴花绢设计的图案不是一般的单线菱形，而是间有大小变形、层层重叠带钩的菱形图案，构图饱满，线条坚实有力。为了使图案规整而不杂乱，追求挺拔古拙的艺术效果，当羽毛图案贴完以后，又设计用两层棕黄色小绢条镶压在图案的边缘作钩边。而且边条的宽度有两种：一种宽约0.2厘米，贴在菱形图案的回钩处，其上不贴羽毛；另一种宽约0.4厘米，贴在其余部位，在上面贴羽毛。为了达到"锦上添花"的效果，最后还采用棕黄色素绢刻剪成柿蒂和云形图案，贴入中心及两侧，既作装饰又表吉祥之意，使画面更加完美，寓意更加深刻。锦饰内棺共用了8幅羽毛贴花绢，其制作工艺基本一致，现以456-1为例，将其基本程序介绍如下：

　　制底图：裁剪一块80厘米×37厘米的褐色平纹绢，上胶熨平，然后印出白色线条的菱形结构及柿蒂、云形图案之后，在空地上涂染黑色和朱红色，在柿蒂和云形图案上涂染白色，形成彩色底稿。由此可见，底图的制作程序比较复杂，是形成羽毛贴花绢的重要基础，其中版型和用色颇具特色。

　　铺贴羽毛：在黑色空地（菱形图案）上铺贴棕色的羽毛，在朱红色空地上铺贴黄色羽毛，在印有白色的细线条上镶贴0.2厘米和0.4厘米的棕黄色夹层小边绢条，然后在0.4厘米的边条上再次贴上羽毛（羽毛事先可能经沸蒸作过防虫处理）。在白色的柿蒂、云形图案上，分别贴上与其同形的棕黄色绢质图案，并在其上贴蓝色羽毛。画幅的主要内容贴完以后，最后在外围边贴上0.9厘米宽的"千金"绦带，与底绢共同形成夹层边。

　　经过底图绘制、羽毛粘贴等一系列繁杂的工艺后，一幅精美的、层次清晰的羽毛贴花绢成品

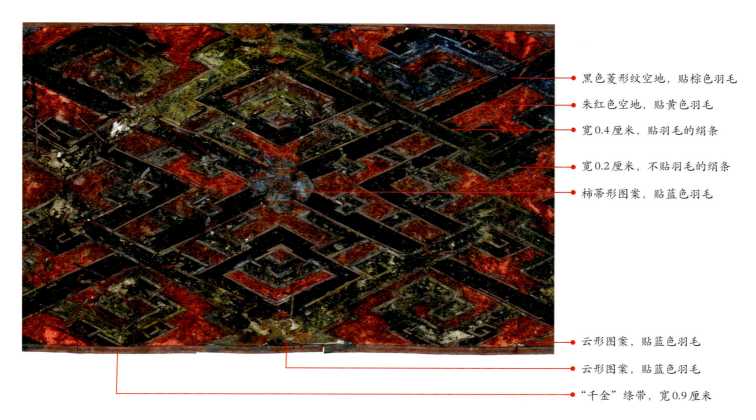

黑色菱形纹空地，贴棕色羽毛

朱红色空地，贴黄色羽毛

宽0.4厘米，贴羽毛的绢条

宽0.2厘米，不贴羽毛的绢条

柿蒂形图案，贴蓝色羽毛

云形图案，贴蓝色羽毛

云形图案，贴蓝色羽毛

"千金"绦带，宽0.9厘米

羽毛贴花绢棺饰（456-1）各部位示意

1 周志元.马王堆一号汉墓锦饰内棺装潢研究
[J].中国历史博物馆馆刊,2000(1):92-
94.

2 左丘明.左传[M].郭丹,等译注.北京:中
华书局,2018:888.

3 于省吾.关于长沙马王堆一号汉墓内棺棺饰
的解说[J].考古,1973(2):126.

4 傅举有.马王堆一号墓漆棺的装饰艺术[J].
湖南省博物馆馆刊,2011(8):77.

5 洪兴祖.楚辞补注[M].北京:中华书局,
1983:167.

就完成了。最后,在棺上均匀地涂上黏合剂,分别沿线在盖板的两头、两侧的两端、两挡的正中,各粘裱一幅贴花绢;然后在贴花绢的四周再粘裱铺绒绣镶边。镶边贴裱顺序是:先贴各面的竖向边,再贴横向通边。[1]

羽毛贴花绢作为内棺棺饰,自被发现以来就吸引了诸多学者的关注和研究。有学者考证羽毛贴花绢是《左传》中的"翰桧"[2],即在缯绢上贴以图案画和羽毛;"翰"指羽毛,"桧"通借"绘",指绘画。[3]对于羽毛的功用,有学者认为象征着"羽化升仙"。[4]《楚辞·远游》:"仍羽人于丹丘兮,留不死之旧乡。"洪兴祖注:"羽人,飞仙也。"[5]据《史记》《汉书》等文献记载,当时人们认为凡人要升仙,必须经过"羽化"阶段。所以在盛尸体的内棺上装饰羽毛,应有墓主人羽化登仙的寓意,其与帛画所绘升仙图景相呼应,寄托了人们追求永生的美好愿望,是汉代丧葬观念的集中体现。

马王堆一号墓出土的羽毛贴花绢是我国田野考古中首次发现用羽毛来装饰内棺的棺饰。羽毛贴花绢在底图的基础上,采用鸟的羽毛和纹理,根据色彩和布局需求,将看似凌乱的羽毛,摆放成一幅和谐统一,带有一定艺术效果的作品。羽毛贴花绢采用了绘画和粘贴羽毛两种装饰技法,采用丝帛彩绘和羽毛这种不拘一格的表现方式,使得羽毛与图案交相辉映,表现出当时工匠的杰出智慧和高超的手工技艺,对于研究汉代的丧葬礼俗有重要的意义。

绦带立体显微镜照

绦带局部

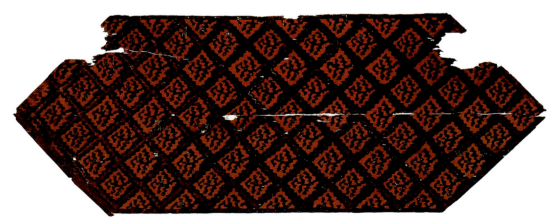

铺绒绣局部

03
直裾素纱单衣
Plain Unlined Silk Gown with Straight Lapel

西汉早期（前206—约前163）

衣长128厘米，袖口宽30厘米，两袖通长190厘米；重49克

1972年长沙马王堆一号墓出土

纱、经锦

院藏编号：6277　分类号：329-6

Early Western Han Dynasty (206 BCE–c. 163 BCE)

Length 128 cm, cuff width 30 cm, cuff to cuff distance 190 cm, weight 49g

Unearthed from Han Tomb No.1 at Mawangdui, Changsha, Hunan, in 1972

Simple gauze, *jin*-silk

Collection Number: 6277　Sub-number: 329-6

马王堆一号墓出土素纱单衣两件，按照衣襟分类可以分为曲裾单衣和直裾单衣，均出土于西边厢329号"衣笥"竹笥内。

329-6素纱单衣，直裾、右衽。主体质地为纱，开襟从领向下垂直。保存较完整，多处有小破口，有晕褪污染。上衣部分正裁4片，宽各一幅；下裳部分也是正裁4片，宽各大半幅；袖缘和领缘为锦缘，边缘较窄，底边无缘。腰宽49厘米，下摆宽50厘米，领缘宽5.5厘米，衣袖口宽30厘米，袖缘宽5.5厘米，单衣用料约2.6平方米，重量约49克（包括领、两袖口用纹锦镶边的重量8.8克），纱面经纬线密度均为每厘米62根，每平方米丝重15.4克，原料纤度11.2旦尼尔（旦）。

"单衣"，即"禅衣"，指单层、没有衬里的长衣。《大戴礼记》载："禅，单也。"[1]《说文解字·衣部》："禅，衣不重也。"[2]《释名·释衣服》："禅衣，言无里也"；"无里曰禅。"[3]从形制上看，单衣与深衣比较接近，但又有区别。古人服装原本是上衣而下裳，后为方便起见，衣与裳相缝接而成为深衣；再后来则衣与裳上下相通，不再裁断，成为完整的长衣，这就是单衣的形制。所以单衣与深衣与其说是服装标准的不同，不如说是在服装的设计中为了便于裁制和穿用的一种自然的演进。单衣还有若干别称，如直裾谓之襜褕（《说文解字》），形制仍属于深衣类；从衣服是否有表里双层又分为单衣、复衣；从衣襟的形式又分为曲裾、直裾。因分类方式不同，名称自然相异。马王堆三号墓遣册中记载陪葬的单衣就达15件。它属于一种便服，尺寸上又比较宽裕，穿起来感觉宽松舒适，因此在日常生活中非正式场合下，男女均可穿着，只是在上朝、入宫等正式场合是不可穿的，否则会被认为是无礼之举。单衣是春秋战国时期帝王和官吏的常服，也可作为官吏的朝服，但只能作为衬衣，穿在袍服里面，汉代以后逐渐演变为外穿。[4]

"素纱"，即没有花纹的纱，素纱轻盈，工艺精湛，孔眼均匀清晰，是秦汉时期做夏服和衬衣的一种非常流行的织物。据《中华古今注》记载："汗衫，盖三代之衬衣也。"[5]这说明使用丝织品作汗衫，可以追溯至夏商周时期。有研究者说素纱单衣是作为贵妇的内衣或夏天穿的散热吸汗的夏衣。还有研究者说当时妇女的衣服崇尚轻细且欲露华丽纹饰，因此在锦绣衣服外面罩一件单衣，既可增添其华丽，又起到一种保护作用。

尽管先秦与秦汉时期穿着单衣的现象很多，但能够保存下来的完整实物实为罕见。这件素纱单衣制作精美，薄如蝉翼，轻若浮云，重量不到50克。经测算，其丝纤度为11.2旦，也就是说长达900米的这种纤维仅重约1克。

素纱单衣是迄今所见最早、最薄、最轻的服装珍品，是西汉时期纺织巅峰之作，代表了汉初养蚕、缫丝、织造工艺的最高水平。

1 戴德. 大戴礼记 [M]. 山东：山东友谊书社，1991：44.

2 许慎. 说文解字 [M]. 北京：中华书局，1963：172.

3 刘熙. 释名 [M]. 北京：中华书局，1985：79-80.

4 陈建明，王树金. 马王堆汉墓服饰研究 [M]. 北京：中华书局，2018：71.

5 马缟. 中华古今注 [M]. 北京：中华书局，1985：22-23.

04
金银色火焰纹印花纱
Silk with Printed Frame Pattern

西汉早期（前206—约前163）

长63.5厘米，幅宽48.5厘米

1972年湖南长沙马王堆一号墓出土

纱、印

院藏编号：6267　分类号：340-24

Early Western Han Dynasty (206 BCE–c. 163 BCE)

Length 63.5 cm, width 48.5 cm

Unearthed from Han Tomb No.1 at Mawangdui, Changsha, Hunan, in 1972

Simple gauze, printed

Collection Number: 6267　Sub-number: 340-24

这件单幅纱料出土于马王堆一号墓西边厢340号"缯笥"竹笥内，经纬密度为每平方厘米60根×60根。另在337号和346号竹笥也发现有小块实物，经与340-11、340-24的实物对比，它们属于相同模板印制成的金银色火焰纹印花纱，是迄今所见最早的三版套印丝织品。

金银色火焰纹印花纱是方孔纱，其上满布着均匀纤细的银灰色或暗金绿色线条，再叠有红色或褐黑色的点纹，构成完整印花图案。印花纹样的单元图案由三块凸纹版套印而成。

从340-24的实物图中可以看到，分格纹呈"个"字形，迂回转曲的印纹线条较粗壮，起到定位作用；主面纹略呈火焰形，波形盘旋的印纹线条纤细而匀称，印迹轻薄而光洁挺拔，线条弧度优美，显出主面纹的特定风格；点纹呈叠山形，点小而圆厚，立体感强，说明其色浆细腻厚淳，具有很好的覆盖力。印花涂料均能将方孔纱的组织之间的孔眼填没，使其具有很好的连续性，似有双面花纹的外观。[1]

金银色火焰纹印花纱印花加工工艺，应使用了阳纹版进行简单的台版印花。在印花前，应在丝织物上施以薄浆，以保持方孔纱的平整度和挺滑度，并利于涂料色浆的渗透和附着，然后将印花织物放在平滑的台面上，按印花图案设计的要求进行套印。其套印工序如下：

第一步，先用分格纹（"个"字形）印版，在印花方孔纱面上，印制"个"字形方格，即所谓"龟背骨架"，进行定位。

第二步，用主面纹——火焰纹的印版，在分格纹的"龟背骨架"间进行套印。

第三步，用小圆点——叠山形的印版，再套印至细线条的主面纹上。[2]

此种逐次套印法因定位不能十分准确，而造成了印纹间的线条有相互叠压和间隙疏密不匀的现象。现以幅宽48厘米计算，每米要印430多个印花单元图案，每个印花单元图案要套印三版，就要印制1200多次。如再算上制备印花涂料和蘸着色浆等工作，每匹印花纱所耗费的工时是相当可观的。[3]

使用X射线荧光光谱仪对印花颜料进行表征发现：银灰色、暗金绿色的迂回转曲线条含有大量的铁元素，使用拉曼光谱仪表征发现有黄铁矿、石英并且可能有绢云母等成分，而小点纹含有汞元素，拉曼光谱仪表征发现应为硫化汞（朱砂）。极细腻的黄铁矿颜料本身略微带有金色调的暗绿色，劣化后可能产生土黄色、黄白色的次生产物，故迂回转曲的纹饰应以研磨极细的黄铁矿为主要成分，并可能使用绢云母粉进行调制。小点纹本身应为赤红色，现在所呈现的褐黑色应是朱砂劣化变色后的结果。

1　上海市纺织科学研究院，上海市丝绸工业公司文物研究组. 长沙马王堆一号汉墓出土纺织品的研究[M]. 北京：文物出版社，1980：109.

2　上海市纺织科学研究院，上海市丝绸工业公司文物研究组. 长沙马王堆一号汉墓出土纺织品的研究[M]. 北京：文物出版社，1980：111.

3　上海市纺织科学研究院，上海市丝绸工业公司文物研究组. 长沙马王堆一号汉墓出土纺织品的研究[M]. 北京：文物出版社，1980：111.

4　上海市纺织科学研究院，上海市丝绸工业公司文物研究组. 长沙马王堆一号汉墓出土纺织品的研究[M]. 北京：文物出版社，1980：111.

南越王墓出土的火焰纹铜印花模具

第一版："个"字形印版

第二版：火焰纹印版

第三版：叠山形印版

合成单元图案

金银色火焰纹印花纱纹样分版[4]

　　从金银色火焰纹印花纱实物分析研究来看，印花工艺和印绘技术之高超，配色之精湛，在西汉初期都已达到了十分成熟的程度，绝不是印绘工艺技术在初创时期的产品。我国古代的印染工艺技术的创始和发展，应当还要早得多。马王堆一号墓出土的印花丝织物，为我们研究古代印染工艺的发展历史提供了罕见的实物资料，也表明我国古代劳动人民在印染技术发展上有十分惊人的创造能力，对世界印染技术发展史产生了巨大的影响。

金银色火焰纹印花纱局部（左）和红外光谱照（右）

05
印花敷彩黄色纱丝绵袍
Printed and Painted Robe with Silk-floss Padding

西汉早期（前206—约前163）

Early Western Han Dynasty (206 BCE–c. 163 BCE)

衣长132厘米，两袖通长228厘米，腰宽54厘米

Length 132 cm, cuff to cuff distance 228 cm, waist width 54 cm

1972年湖南长沙马王堆一号墓出土

Unearthed from Han Tomb No.1 at Mawangdui, Changsha, Hunan, in 1972

纱、绢、印、绘

Simple gauze, tabby, printed, painted

院藏编号：6292　分类号：329-13

Collection Number: 6292　Sub-number: 329-13

1　许慎. 说文解字 [M]. 北京: 中华书局,
　　1963: 170.

此丝绵袍出土于马王堆一号墓西边厢329号"衣笥"竹笥内。衣式形制为直裾、交领、右衽。衣面为印花敷彩黄纱,内絮丝绵;衣里、衣缘为绢。

袖宽38厘米,袖口宽28厘米,下摆宽74厘米,领缘宽20厘米,袖缘宽30厘米,摆缘宽37厘米。绢缘的经纬密度为每平方厘米为134根×50根,绢里的经纬密度为每平方厘米为70根×38根,纱面的经纬密度为每平方厘米64根×52根。

绵袍由上衣和下裳两部分组成,里和面的分片完全一致。上衣部分正裁,共四片。计身部二片,两袖各一片,宽均为一幅。四片拼合后,再将腋下缝起。领口挖成琵琶形,领缘用斜裁两片拼成。袖口宽28厘米,合汉制一尺一寸左右。袖筒较肥大,下垂呈胡状。袖缘的宽度与袖口略等,用半幅宽的白纱直条,按螺旋方式斜卷成筒状,再由中间折为里面两层,因而袖口无缝。下裳部分的上半部为印花敷彩纱面,正裁。后身和里外襟均用一片,宽各一幅,长度与宽相仿。下半部和里外襟侧为较宽的白纱缘,斜裁,其中底缘的高度与上半部纱面的长度相仿。后身的底缘作等腰梯形,两底角均为85°,用三片拼成。中间一片宽为一幅,两侧各加一个边角。里外襟的底缘均作不等腰梯形,两底角分别为58°和72°,用两片拼成,宽各半幅。里外襟的侧缘亦作梯形,斜裁一片,宽一幅,其一端的斜角为32°,以与底缘的58°斜角端相拼,使之合成直角;另一端则为里、外襟上部的两衽角。穿着时,里襟掩入左侧身下,外襟折到右侧身旁,底摆呈喇叭状。

《说文解字》记载:"直裾谓之襜褕。"[1]襜褕最迟在西汉初期就已出现,分男女两式,最初多为妇女所穿,男子穿着直裾式深衣则被认为失礼,武安侯"衣襜褕入宫"被除国即是明证。直裾服饰在先秦至西汉时期不能作为正式的礼服,原因是当时上层社会所穿的裤子皆无裤裆。这种无裆裤穿在里面,如果不用外衣掩住,裤子就会外露,这在当时被认为是不恭、不敬的事情,所以要在裤子外面穿着曲裾深衣。到了西汉晚期情况有所变化,襜褕开始普及,男、女均可穿着。马王堆一号墓竹笥出土的三件印花敷彩纱丝绵袍(329-12、329-13、329-14)均为女子所穿,其尺寸普遍宽松肥大。

这件绵袍面用纱制作。纱在当时是一种只在一定用途上使用的质量较好的织物。它的经纬密度度较接近,因此质地较为致密。至西汉中期以后,纱的用途渐广,备受世人喜欢。

印花敷彩纱是印花和彩绘相结合的织物,通过在轻薄方孔纱组织的高级丝织品上,进行印染加工而成。图案为藤本科植物的变形纹样,由枝蔓、蓓蕾、花穗和叶组成,外廓略作菱形(花穗不计)。以340-32为例,纹样的单元图案较小,外轮廓如菱形,高4厘米,宽2.4厘米,四方连续,是按菱形格网密接排列组成画饰的,其风格正和当时的刺绣及漆器花纹相同。图案的枝蔓部分线

马王堆一号墓赭黄色印花敷彩纱绵衾残片局部,长59厘米,宽40厘米
(院藏编号: 6381　分类号: 内5-1)

马王堆一号墓赭黄色印花敷彩纱绵衾残片局部,长26厘米,宽16厘米
(院藏编号: 6465　分类号: 内5-11)

条蜿蜒，交叉处有明显的断纹现象，是用镂空版印制的，而蓓蕾、花穗和叶则具有笔触的特征，应是手工描绘而成，即所谓敷彩。

根据对图案的分解和模拟实验，其工艺程序应如下：（1）印出藤蔓灰色底纹；（2）在灰色底纹上重墨点出花蕊；（3）用朱红色绘花；（4）用蓝紫色绘叶（波纹）；（5）用暖灰色勾绘出叶、蓓蕾；（6）用银灰色（近于蓝黑色）勾绘出叶；（7）用粉白色勾绘、加点。[1]

为了便于加工，在印花之前，先将织物练染理平，并按要求的距离做好定位记号，再按照规定记号移版连续操作，这样印花纹样位置准确，图案单元间没有相互叠压和疏密不均的现象。

我国古代印花丝织品在古代文献资料中有记载。如《周礼·内司服》："掌王后之六服：袆衣、揄狄、阙狄、鞠衣、展衣、缘衣、素沙（纱）。"郑注引郑司农曰："袆衣，画衣也。"《尚书·益稷》："予欲观古人之象，日、月、星辰、山、龙、华虫，作会。"郑注："会读为绘……凡画者为绘。"又《周礼·考工记》："凡画缋之事，后素功。"郑玄注："素，白采也。后布之，为其易渍污也。不言绣，绣以丝也。郑司农说以《论语》曰缋事后素。"按今本《论语》"缋"作"绘"，《集解》引郑注："绘，画文也。凡绘画，先布众色，然后以素分布其间，以成其文。"唐卜天寿写本《论语·郑氏注》作："绘，书（画）。凡绘书（画）之事，先布众采，然后素功。"马王堆汉墓出土的实物的加工情况，与"绘事后素"正相符合。过去有人对"画衣"表示怀疑，如清人宋绵初《释服》云："未闻衣服用画者也。"近人吕思勉在《先秦史》中则以为"宋氏辨绘非画极确"。[2]

马王堆一号墓出土的印花敷彩纱，是首次发现的古代印花丝织品实物，它是印花和彩绘相结合的高级丝织品。用这种纱作面的丝绵袍（329-12、329-13、329-14），以及棺内出土的两件衣衾残片（内2、内5），证实了有关"画衣""画文"的文献记载的可靠性。另外，还有一幅保存相当好的印花敷彩纱（340-32）。这种印花敷彩纱是当时贵族妇女所着服装的一种华丽的时装面料，它的出土对于研究我国古代印染技术方面的成就有很重要的意义，为我国古代印染工艺历史的研究增添了一项新资料。

1　上海市纺织科学研究院，上海市丝绸工业公司文物研究组. 长沙马王堆一号汉墓出土纺织品的研究 [M]. 北京：文物出版社，1980：107.

2　陈建明，王树金. 马王堆汉墓服饰研究 [M]. 北京：中华书局，2018：53.

1. 印出的灰色底纹　　2. 重墨点出的花蕊　　3. 朱红色绘出的花　　4. 蓝紫色绘出的叶

5. 暖灰色绘出的叶　　6. 银灰色绘出的叶　　7. 粉白色绘出的叶　　8. 印花敷彩纱单元图案

印花敷彩纱工艺程序分解

马王堆一号墓印花敷彩纱局部，长53厘米，幅宽47厘米（院藏编号：6268　分类号：340-32）

06
朱红色菱形纹罗丝绵袍
Silk-floss Padded Robe with Lozenges

西汉早期（前206—约前163）

身长140厘米，两袖通长245厘米，腰宽52厘米

1972年湖南长沙马王堆一号墓出土

罗、绢

院藏编号：6286　分类号：329-8

Early Western Han Dynasty (206 BCE–c. 163 BCE)

Length 140 cm, cuff to cuff distance 245 cm, cuff width 25 cm, waist width 52 cm

Unearthed from Han Tomb No.1 at Mawangdui, Changsha, Hunan, in 1972

Luo gauze, tabby

Collection Number: 6286　Sub-number: 329-8

1　宋应星. 天工开物[M]. 管巧灵，谭属春，点校注释. 长沙：岳麓书社，2002：368.

依托于汉代强盛的国力，汉代纺织业水平达到了前所未见的高度。马王堆汉墓出土的纺织品，更以极为精湛的纺织工艺震惊后世，其中曲裾袍服制作工艺复杂，是汉代最具代表性的服饰，也是马王堆汉墓出土最多的服饰类型。

朱红色菱形纹罗丝绵袍出土于马王堆一号墓329号"衣笥"竹笥内，曲裾、交领、右衽。以朱红色菱形纹罗为面料，素绢为里、缘，内絮丝绵。保存较为完整，衣面多处有轻微残破，衣领及袖边有朱红色污染。绵袍袖宽36厘米，袖口宽25厘米，下摆宽58厘米，领缘宽21厘米，袖缘宽35厘米，摆缘宽29厘米。里、缘绢的经纬密度均为每平方厘米120根×70根，罗面的经纬密度为每平方厘米88根×32根。

此绵袍长140厘米，两袖通长245厘米，身高154厘米的墓主人辛追穿上这件华美的袍服，长可曳地，行不露足，从而显示出汉代女性的文静与优雅。这种上衣下裳相连的袍服在汉初贵族女性中广为流传，其用料、制作、染色、形制都十分考究。

马王堆汉墓出土的罗类织物和服饰面料均为菱形纹罗，此衣服的罗为典型的Ⅱ型菱形纹罗图案。马王堆汉墓出土的丝绵袍以罗为面料的最多，其中一号墓竹笥出土的12件绵袍中以罗为面料的就有7件，又以朱红色菱形纹罗丝绵袍颜色最为鲜艳，体现了我国古代比较发达的染色技术。通过发射光谱定性分析、X射线衍射分析、硫化汞的定性分析等方法确定了朱红色的染料是矿物染料硫化汞，即朱砂。朱砂染出的织物颗粒均匀，覆盖良好，孔眼清晰，没有堵塞现象。这种朱红色的硫化汞矿物颜料，为周秦至西汉时期的贵重彩色颜料。据《天工开物·丹青》记载："凡朱砂、水银、银朱，原同一物，所以异名者，由精粗老嫩而分也。"[1]上好朱砂，出辰锦。辰即今湖南省的辰溪和麻阳，因此朱砂亦称辰砂。用这种上好的朱砂染出朱红色，应用得比较广泛。硫化汞有天然的，也有炼制而成的。汞和硫黄加热炼制的过程中升华而成的红色硫化汞，质量好，遮盖力强，被用于油画、印泥及我国著名的朱红雕刻漆器等。《周礼·考工记·钟氏》曾详细记载以丹砂染羽的方法，亦可用其染丝缕布帛。这件丝绵袍历经2000多年，色泽依旧鲜艳如新，足以说明西汉初期炼制硫化汞的技术已达到相当高的水平。而且朱砂颗粒研磨得相当细微而均匀，也可看出当时出于印染工艺的需要，对于朱砂颗粒的粉碎技术要求很高。

此丝绵袍为交领右衽式、曲裾。汉代的袍服按照衣襟的形制划分为曲裾和直裾两种款式。曲裾开襟是从领曲斜绕至腋下，直裾则是外襟从右腋向下垂直。曲裾袍又被称为绕襟袍，衣服后片衣襟接长，面料斜裁，加长后的衣襟形成三角形，从领曲斜绕至绕至背后，然后腰部缚以大带，可遮住三角形衽片的末梢。曲裾在裤子未推广的先秦至汉代较为流行，它的出现应当与没有连裆的罩裤有关，下摆经过几重绕身保护就既合情理又合礼数。曲裾衣领为交领，即衣襟与衣领相连，交叉在胸前，领口亦较低，以便露出里衣。每层领子必露于外，最多时达三层以上，时称"三重衣"。

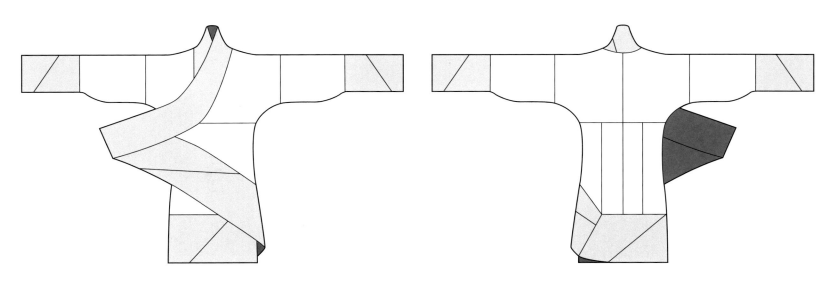

朱红色菱形纹罗丝绵袍正、背面形制

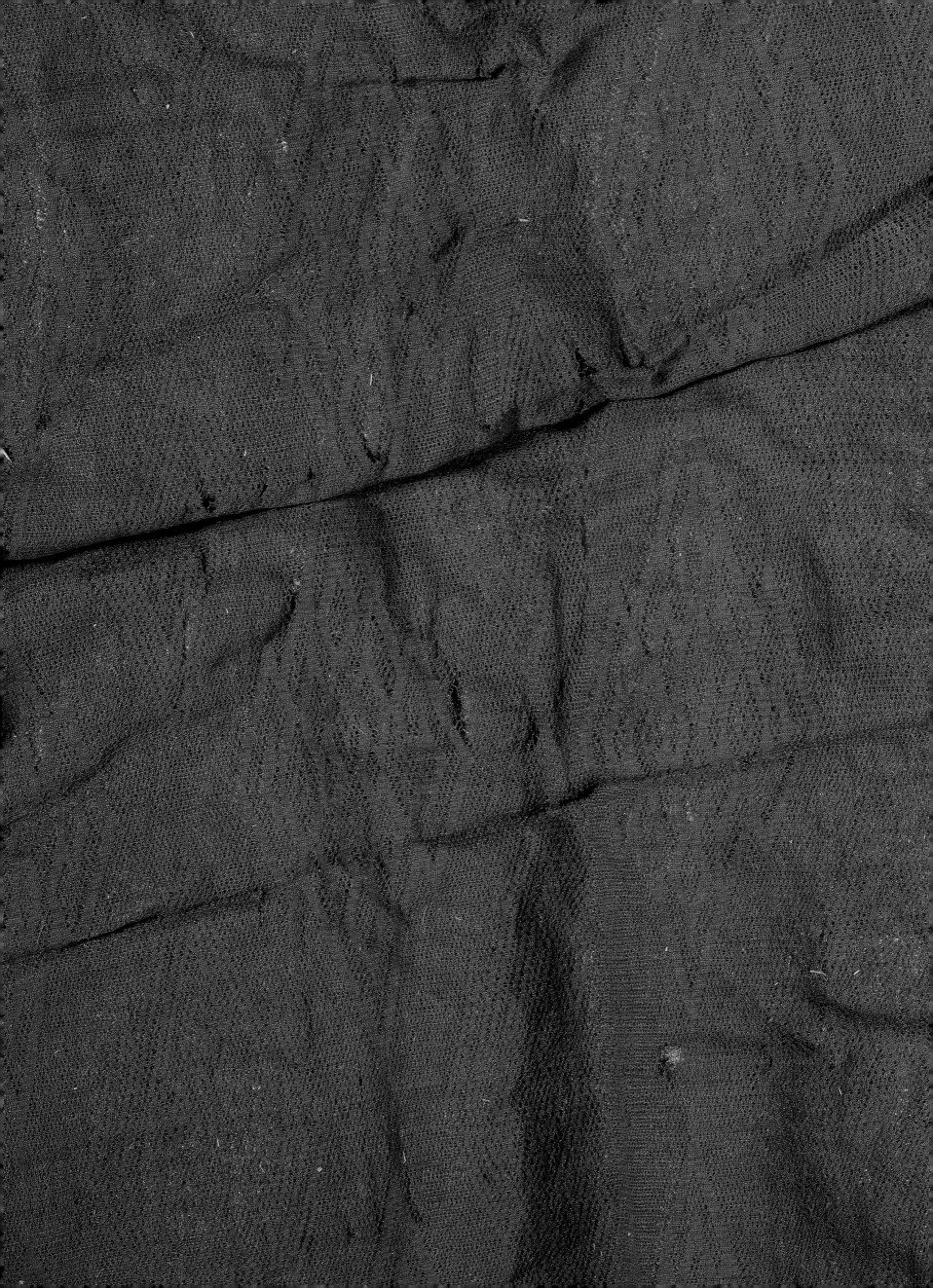

07
褐色隐花波折纹凤纹锦
Silk with Corrugated Pattern and Phoenixes

西汉早期（前206—约前163）
长71厘米，幅宽51厘米
1972年湖南长沙马王堆一号墓出土
经锦
院藏编号：6272   分类号：354-3

Early Western Han Dynasty (206 BCE–c. 163 BCE)
Length 71 cm, width 51 cm
Unearthed from Han Tomb No.1 at Mawangdui, Changsha, Hunan, in 1972
Jin-silk
Collection Number: 6272   Sub-number: 354-3

隐花波折纹凤纹锦红外光谱照

凤鸟纹红外光谱照

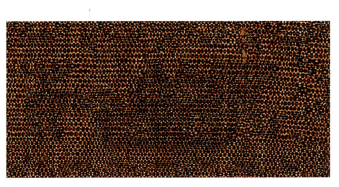

凤鸟纹立体显微镜照

八角星纹立体显微镜照

楚文化影响深远，马王堆汉墓有很多楚文化因素的体现。

这幅隐花波折纹凤纹锦出土于马王堆一号墓西边厢下层354号竹笥。该竹笥为"缯笥"，共出土丝织品20卷。此锦出土时完整，单幅尺寸为长71厘米，幅宽51厘米，两边阔各0.5厘米。经丝以两根为一组，经纬密度为每平方厘米118根×48根，边经数69根×2，边中伴有直条形状。

这幅织锦由于花纹经和地纹经颜色褪变严重，故图案较难辨认。其画面为满地的波折纹，按平纹式织入两种不同形状的模纹：一种为凤鸟纹，横向大约10只，纵向大约17只；一种为不规则八角星纹，横向大约9个，纵向大约16个。两类纹饰上下交替相间排列。马王堆汉墓共出土三幅相同的凤鸟纹锦，354号竹笥出土两幅（分类号：354-3、354-12），三号墓南边厢104号竹笥出土一幅。这种锦不见运用于出土的成品服饰。

这幅织锦的凤鸟纹与战国时期织锦的凤鸟纹非常相似。由湖南博物院藏长沙左家塘楚墓出土对龙对凤纹锦、美国大都会艺术博物馆藏对龙对凤纹锦等[1]可知，战国时期织锦凤鸟纹造型轮廓线清晰僵直，线条简洁，凤身和龙身均呈弓字形弯曲，对称排列，两翅向外张开，表现出振翅欲飞之态，尾羽向下垂顺，多饰小足。将这幅织锦与之比较，从凤的弓形体态、头上的冠状羽饰、凤身的圆圈装饰均可以看出马王堆汉墓凤纹形象是战国时期楚地凤鸟纹样的延续，是楚文化一脉相承的体现，展现了高超的织造技术。此前，《长沙马王堆一号汉墓出土纺织品的研究》首次发表这幅织锦的线图后，大多数涉及该织锦的研究文章、图书、展览的定名均为"孔雀纹锦"，我们认为不准确，应当予以纠正。

根据对目前出土实物的观察，战国对龙对凤纹锦常伴有多边形纹出现。该幅纹锦的不规则八角星纹与凤鸟纹应为太阳与凤鸟的组合含义。太阳纹在楚国的器物中出现的次数很多，这跟楚人认为自己的祖先是祝融有关。祝融是火神，《白虎通·五行篇》说，南方之神祝融"其精为鸟，离为鸾"[2]，楚人的祖先祝融与始祖之灵的凤鸟似乎是二位一体的。

该锦的满地波折纹为不闭合的八边形的连续纹样，纹饰内填充的是圆圈纹，循环的方向与凤鸟平行。相对于战国、汉代其他复杂结构几何纹循环、复杂动植物的循环纹饰，这种纹饰结构简单，给人一种规矩、匀称、延绵舒展的视觉效果。《左传·哀公六年》记春秋末年："有云如众赤鸟，夹日以飞三日。"[3]凤和云相伴的纹饰广泛见于楚器上，楚人视其为吉兆，汉代在刻画各种凤鸟形象的同时亦用云气纹作为辅助纹饰。我们可以合理推断这幅织锦中的波折纹为一种托起凤鸟的云气纹。这种波折纹与战国织锦中的表现完全不同，是汉代纹饰的开拓创新。这种连绵规矩循环的纹饰风格直接影响了东汉至晋时期的续世锦、世无极锦，它们都是以通幅平行的波折纹为特征。

总之，这幅织锦的纹饰与战国楚地出土的织锦可谓一脉相承，但又有其创新之处。此幅织锦或可补充和完善赵丰先生曾在《中国丝绸艺术史》中提到的云气动物纹锦的谱系图。该书中提到，东汉魏晋时期的云气动物纹锦的共同特点是经向显花、纬向循环大于经向循环。[4]此一特点马王堆汉墓的这种凤鸟纹锦也是完全符合的，可纳入这一谱系。文中还提到："云气动物锦纹出现的时间至今仍无法考证清楚，一般认为，这类锦纹均属东汉时期，而沈从文认为它们早不过秦始皇以前，晚不会在汉武帝以后。"[5]马王堆汉墓有确切的墓葬年代，我们或许可以将这一组合纹饰的织锦年代提前至西汉初年。

1　夏添. 先秦至汉代荆楚服饰考析[D]. 无锡：江南大学，2020.

2　班固，等. 白虎通[M]. 上海：上海书店出版社，2012：293.

3　左丘明. 左传[M]. 郭丹，等译注. 北京：中华书局，2018：2259.

4　赵丰. 中国丝绸艺术史[M]. 北京：文物出版社，2005：125.

5　赵丰. 中国丝绸艺术史[M]. 北京：文物出版社，2005：130.

08
罗地 "信期绣" 绵袍几何纹绒圈锦残片
Fragments of a Floss-padded Robe with Embroidered Geometric and Stylized Swallowtails Patterns

西汉早期（前206—约前163）	Early Western Han Dynasty (206 BCE–c. 163 BCE)
长46厘米，宽45厘米	Length 46 cm, width 45 cm
1972年湖南长沙马王堆一号墓出土	Unearthed from Han Tomb No.1 at Mawangdui, Changsha, Hunan, in 1972
绒圈锦、罗、绢、罗地刺绣	*Jin*-silk with piles, *luo* gauze, tabby, embroidery
院藏编号：6468	Collection Number: 6468

马王堆汉墓出土绒圈锦部分几何纹种类

　　绒圈锦是汉代新出现的织锦品种，是以多色经丝和单色纬丝交织而成，配色以深色为主，织物表面的几何纹图案部位呈现立体效果的环状绒圈。从出土实物看，绒圈锦出于面料厚实、色彩多样、工艺复杂等原因，一般作丝绵袍的领缘、袖缘、衣带，几巾和枕巾的边饰，以及香囊、镜套的底部。

　　马王堆一号墓竹笥和北边厢共出土12件袍、3件单衣，以绒圈锦为缘的有5件。内棺中包裹遗体和覆盖衣物共有绵衾4件、绵袍6件、丝绣单衣6件、麻布单衣1件、麻布单被和包裹2件、尚不能明确的3件，共22件。其中可明确有2件绵衾、2件绵袍以几何纹绒圈锦为缘，其他残损太甚，无法判断。将遣册与实物进行对照，凡简文言"缘"者，均为用不同种类的丝织品连缀边缘的物品。比如，马王堆一号墓遣册简257记载"素长寿绣小检（夋）戴一赤周橡（缘）"，指的是包裹漆夋的夹袄为绢地"长寿绣"，周边用宽5.3厘米的褐色绢为缘，即"赤周缘"。遣册记载纺织品"缋周缘"的描述，经与实物对照，凡简文言"缋"者，似指包括绒圈锦在内的赤色提花织物。

　　此件罗地"信期绣"绵袍几何纹绒圈锦残片出土于马王堆一号墓内棺。从残片可看出绒圈锦为斜裁，一边缝合连接一片罗地"信期绣"残片，一边缝合连接一片素绢，缝合时两种衣料均向内折1厘米左右。除"信期绣"残片上残存朱红色外，其余部分颜色褪变严重。

　　几何纹的起源有两种说法，一是源于编织纹理，二是源于对自然物象的简化。几何纹是东周时期纺织品常见纹饰，直线和折线变幻出丰富的几何形，有折线纹、菱形纹、三角纹、杯纹、磬纹、勾连雷纹等等。马王堆汉墓纺织品上出现的几何纹就超18种，有以线条组成的空心几何纹，有线面结合的几何纹，也有单线条几何纹，是东周高超纺织技术的延续。图形的布局排列，多数以均匀满布的方法，所用图案有多有少，纵向的花幅一般较短，横向花幅多数较宽。

　　根据一号墓出土衣物和用品上的绒圈锦上各种几何纹的组合、疏密、有无底纹等，可将纹样分为四类。这件绒圈锦属IV型。

　　如果单看几何纹，在汉代已不是什么新奇的纹饰。一般的锦织物以2根或3根经丝为一组交织而成，表面表现异色花纹，无立体感效果。而绒圈锦的技术是汉代的创新技术，是以往的发现中所没有的，是目前世界上最早的绒类丝织品。

　　据研究人员推测，绒圈工艺需要有2种纬丝，一种是织入锦内的蚕丝正式纬，第二种是织入绒圈经内起填充成圈作用的假织纬，假织纬可能为苎麻线、起绒纬织后抽去，使被织入的绒圈经呈环状。[1]绒圈锦是汉代织物中最重要的发现，是当时织造工艺中最高级、最复杂的技术。

1　上海市纺织科学研究院，上海市丝绸工业公司文物研究组. 长沙马王堆一号汉墓出土纺织品的研究[M]. 北京：文物出版社，1980: 51.

09

褐色菱形纹罗地"信期绣"丝绵袍
Floss-padded Robe with Embroidered and Stylized Swallowtails

西汉早期（前206—约前163）

衣长150厘米，两袖通长250厘米，腰宽60厘米

1972年湖南长沙马王堆一号墓出土

罗、罗地刺绣、绢、经锦

院藏编号：6287　分类号：329-10

Early Western Han Dynasty (206 BCE–c. 163 BCE)

Length 150 cm, cuff to cuff distance 250 cm, waist width 60 cm

Unearthed from Han Tomb No.1 at Mawangdui, Changsha, Hunan, in 1972

Luo gauze, embroidery, tabby, *jin*-silk

Collection Number: 6287　Sub-number: 329-10

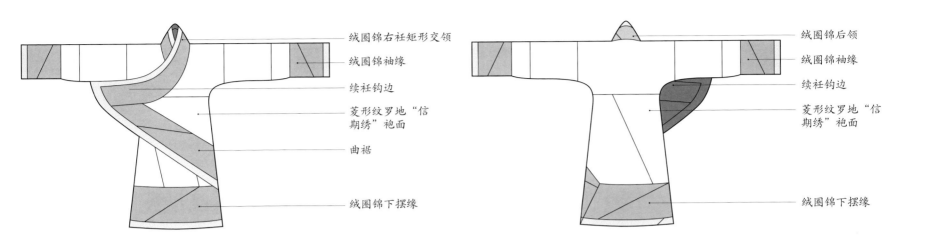

褐色菱形纹罗地"信期绣"丝绵袍形制示意

绒圈锦右衽矩形交领
绒圈锦袖缘
续衽钩边
菱形纹罗地"信期绣"袍面
曲裾
绒圈锦下摆缘

绒圈锦后领
绒圈锦袖缘
续衽钩边
菱形纹罗地"信期绣"袍面
绒圈锦下摆缘

褐色菱形纹罗地"信期绣"丝绵袍出土于马王堆一号墓西边厢329号"衣笥"竹笥之中。衣襟形制为右衽式、曲裾，以菱形纹罗地"信期绣"为面料，素绢为里，内絮丝绵，IV型几何纹绒圈锦为缘。袖宽37厘米，袖口宽28厘米，下摆宽67厘米，领缘宽23厘米，袖缘宽33厘米，摆缘宽28厘米。里、袖口绢的经纬密度为每平方厘米102根×66根，"信期绣"罗面的经纬密度为每平方厘米96根×34根。按汉帛幅宽约50厘米计算，此绵袍需用帛32米，折合汉制十四丈。

其裁缝方法，除袍缘为后加外，由上衣和下裳两部分组成，里和面的分片完全一致。上衣正裁，共六片。计身部两片，宽各一幅；两袖各二片，其中一片宽一幅，一片宽半幅。六片拼合后，再将腋下缝起，即所谓"袼"。领口挖成琵琶形。袖口宽28厘米，合汉制一尺二寸左右。袖筒比较肥大，下垂呈胡状。下裳斜裁，共四片，宽各一幅，按背缝计，斜度为25°角，底边略作弧形。里襟底角为85°，穿着时掩入左侧身后。外襟的底角为115°，上端长出的衽角为60°，穿着时裹于胸前，而将衽角折到右侧腋后。袍缘斜裁。领缘用几何纹绒圈锦四片拼成，宽各半幅。外襟下侧的绒圈锦缘，用三片拼成，其中两片宽一幅，一片宽半幅。底边的绒圈锦缘，用三片拼成，其中两片宽一幅，一片宽半幅，另加两个斜角。里襟的侧边无缘。袖缘的宽度与袖口宽略等，用绒圈锦一片旋绕而成，宽半幅。领、袖、襟和底边的绒圈锦缘之外，有宽5厘米的窄绢条，都是袍里的边缘翻出来的。衣片之间的缝合，均用平针。大体上，显露在表面的针脚较小，长0.15厘米左右，隐在袍里的针脚较大，长约0.4—0.5厘米。[1]

"信期绣"一名见于墓中出土遗册记载。[2]从其图案纹样来看，都绣有写意形态的燕子。在汉代，有人以"信期"为燕之别名，所谓"诚信有期"，[3]体现了"诚信忠贞"的品质，"信期绣"也因此寓意而得名。

其刺绣图案为发掘报告所述的II型"信期绣"。针法为锁绣法，采用绛红、朱红、黄色丝线绣成。图案单元长11.5厘米，宽5.5厘米，针脚长0.16厘米，线径长0.05厘米。整体以云纹为主，以变形卷枝花草纹为辅，烘托鸟纹。形态写意的燕尾藏于云中与周围围绕的卷枝花草浑然一体，似一幅生机盎然的春意图，极富浪漫主义色彩，是汉代流行的高贵绣品。

1 湖南省博物馆，中国科学院考古研究所．长沙马王堆一号汉墓[M]．北京：文物出版社，1973：66．

2 湖南省博物馆，中国科学院考古研究所．长沙马王堆一号汉墓[M]．北京：文物出版社，1973：58．

3 许少玲．马王堆汉墓出土织物"信期绣"纹样的美学特征研究[D]．长沙：湖南师范大学，2013：9．

10

绢地"信期绣""千金"绦手套

Gloves with Embroidered and Stylized Swallowtails and Braided Bands with Inscribed Characters "Qian Jin"

西汉早期（前206—约前163）	Early Western Han Dynasty (206 BCE–c. 163 BCE)
长24.8厘米，上口宽9.4厘米，下口宽11厘米	Length 24.8 cm, upper opening width 9.4 cm, lower opening width 11 cm
1972年湖南长沙马王堆一号墓出土	Unearthed from Han Tomb No.1 at Mawangdui, Changsha, Hunan, in 1972
绢、绢地刺绣、绦	Tabby, embroidery, braided bands
院藏编号：6300　分类号：443-4①②	Collection Number: 6300　Sub-number: 443-4①②

手套古称"手衣"。先秦时期，古人多用动物的皮毛缝制手套。1973年湖北江陵藤店战国墓出土了一双皮质手套，是我国目前发现的最早的手套实物。[1]到了汉代，手套的缝制日趋精致，贵族的手套也愈发讲究，多用精美的丝绸缝制而成，马王堆一号墓就出土了3双精致的丝质手套。

此件手套置于马王堆一号墓北边厢出土的双层九子漆妆奁中，是我国出土最早的丝质手套。手套形制为直筒露指式，造型简洁，纹饰精美，具有御寒与装饰功能。手套掌面为绢地"信期绣"，掌面部分的上下两侧，饰有"千金"绦和褐色绦一周，手套剩余部分均以绢为面料。墓中出土遣册简268提到"素信期绣尉一两赤缘（缘）千金缩（绦）飭（饰）"应即指此。

其裁剪制作工艺为掌面部分绢地"信期绣"正裁，缝在拇指上下。指部和腕部分别为绛紫色绢和黄棕色绢斜裁。拇指部分以黄棕色绢为里、绛紫色绢为面，为另加的部分，口和上侧有缝。其经纬密度：掌面绢地为每平方厘米108根×62根，指部绛紫色绢为每平方厘米110根×60根，腕部黄棕色绢为每平方厘米134根×72根。[2]

手套上的刺绣图案为发掘报告所述的Ⅰ型"信期绣"，是"信期绣"中出现最多的一种类型。手套一侧的"千金"绦，是用丝线编织的彩色丝带，用来装饰衣物的花边或带子。遣册简记为"'千金'绦"，因绦上编有篆体"千金"得名。"千金"绦较窄，宽仅0.9厘米。绦面分为三行，各宽0.3厘米，编带密度为每厘米60根。纹样由"千金"文字、雷纹和波折纹三种组成，呈绛红色调，色调古朴，阴阳纹交替。这种结构复杂且用篆文作织物装饰图案的绦带，在我国尚属首次发现，开创了汉字吉语装饰在纺织品上的先河。

掌面另一侧的褐色绦带宽1.6厘米。绦面分成三行，各宽0.5厘米，每5.25厘米一个反复，上有波折纹。褐色绦与"千金"绦均属于编织物的结构类型，它们只有经线，没有纬线，即用一组左经线与一组右经线，呈45°角相互编织，利用双层组织结构原理，编成图案和文字的花纹，以使其华丽美观。

"千金"绦饰纺织结构复杂，纹饰华丽美观，出土数量较少，是一种罕见的高级纺织工艺品。长沙地区在战国时代还只有素色绦带，发展到西汉早期，已出现多色的提花绦带了。"千金"绦是汉初提花绦带的典型代表作品，为我们研究绦带织物发展提供了极有价值的实物史料。[3]

1 荆州地区博物馆.湖北江陵县藤店一号墓发掘简报[J].文物，1973（9）：7-17，82-85.

2 湖南省博物馆，中国科学院考古研究所.长沙马王堆一号汉墓[M].北京：文物出版社，1973：55.

3 陈建明，王树金.马王堆汉墓服饰研究[M].北京：中华书局，2018：91.

"千金"绦组织结构示意

"千金"绦背面文字示意

11

绢地"长寿绣"镜衣
Mirror Wrap with "Longevity Embroidery"

西汉早期（前206—约前163）

高36厘米，直径32厘米

1972年湖南长沙马王堆一号墓出土

绢、绢地刺绣

院藏编号：6318　分类号：443-7

Early Western Han Dynasty (206 BCE–c. 163 BCE)

Length 36 cm, diameter 32 cm

Unearthed from Han Tomb No.1 at Mawangdui, Changsha, Hunan, in 1972

Tabby, embroidery

Collection Number: 6318　Sub-number: 443-7

简264记载绢地"长寿绣"
镜衣的遣册

绢地"长寿绣"镜衣上的凤鸟纹示意

汉代时，铜镜成为日常生活必需品，它们制作精良，背面图案精美，纹饰寓意吉祥。铜镜可盛放在镜匣中，也可保存于镜衣内。马王堆一号墓北边厢双层九子漆妆奁内出土了一件保存完好、纹样精美、颜色华丽的镜衣，让今天的我们得以一睹西汉镜衣的真容。

这件镜衣形制为筒状，筒面用绛紫色绢，内絮薄层丝绵，底部用淡黄色绢面，其上刺绣花纹。底面绢的经纬密度为每平方厘米92根×40根，筒面绢的经纬密度为每平方厘米45根×40根。该墓东边厢遣册简264记载"素长寿镜衣一赤掾（缘）大"。竹简文字对镜衣的描述翔实，与双层九子漆妆奁内镜衣的特征可一一对应。"素"指的是绢地，而不是罗地或绮地之类有花纹的丝织物。虽简文中"长寿"之下少"绣"字，但可以肯定确实是长寿绣，因为镜衣上刺绣的纹饰与遣册记载的"素长寿绣"几巾和"素长寿绣"夹袱上的纹饰一样。简文记"赤掾（缘）大"，意为镜衣的筒缘为赤色且尺寸大，这件镜衣的筒缘呈绛紫色，深36厘米，与遣册记载基本相符。

"长寿绣"花纹满绣在镜衣底部的淡黄色绢面上，所采用的刺绣技法为锁绣法，即由绣线环圈锁套。绣线颜色鲜艳明丽，有棕红、淡黄、橄榄绿和棕褐四色。丝线直径为0.08厘米，针脚长0.15—0.17厘米。

"长寿绣"纹样由穗状流云、卷草、花叶和凤鸟构成，为典型的Ⅰ型"长寿绣"图案。在镜衣的底部绢面中央有一只呈侧身飞翔姿态的凤鸟。凤鸟隐没于流畅灵动、相互交织的流云和蔓草间。这只凤鸟，杏圆形头，杏圆形眼，眼中点睛，头戴一支单花蕾冠，细颈小身，双翅展开，长尾分叉，呈蔓草卷曲状，尾翎的末端为一朵三尾穗状流云。[1]凤鸟旁有一朵特别显眼的绿色四涡云头穗状流云。此外，"长寿绣"纹样中还有两种典型的穗状流云，一种是双色云头穗状流云，另一种为心形云头穗状流云。

绢地"长寿绣"镜衣上最为重要的纹样便是居于中央的凤鸟纹。《山海经·南山经》云："有鸟焉，其状如鸡，五采而文，名曰凤皇……自歌自舞，见则天下安宁。"[2]"长寿绣"凤鸟纹为多种颜色的丝线刺绣而成，为"五采而文"；凤鸟纹双翅张开，作飞翔状，为"自舞"；凤鸟"见则天下安宁"，与"长寿绣"之名意合。

1 陈锐.马王堆汉墓"长寿绣"凤鸟纹样考[J].故宫博物院院刊，2023（6）：36-47.

2 袁珂，校注.山海经校注[M].上海：上海古籍出版社，1980：16.

凤鸟旁的穗状流云

双色云头穗状流云

心形云头穗状流云

长卷草尾是"长寿绣"凤鸟纹的突出特征。长尾凤在战国凤纹绣品中相当常见，如湖北江陵马山一号楚墓出土的绣品中，长尾凤占凤鸟纹的大多数。凤鸟长尾分叉的形象在汉以前的纺织品、青铜、玉器和漆木器上的凤纹中已大量出现。马王堆汉墓"长寿绣"凤鸟纹在继承战国凤鸟纹的基础上，凤尾变长，更为卷曲，卷涡增多似蔓草，愈显灵动，且凤尾末端为汉代刺绣常见的穗状流云。马王堆汉墓"长寿绣"凤鸟纹的长卷草尾开创了凤尾新样式，对纺织品上的凤尾纹产生了深远影响。江苏神居山西汉二号墓和东海尹湾二号墓绣品上的凤尾纹与"长寿绣"凤尾纹一脉相承，凤尾分叉卷曲似蔓草，凤尾端头也是一朵穗状流云。

马王堆一号墓双层九子漆妆奁出土的镜衣是迄今所见最早的汉代镜衣，由战国镜衣发展而来，从江陵马山一号楚墓出土的镜衣可清晰地看到其继承与发展的脉络。形制上，汉代镜衣与战国镜衣相似，都由筒面和底部组成；装饰上，两者的底部均有刺绣花纹。至汉代，镜衣的筒面变长，更为实用。马王堆汉墓绢地"长寿绣"镜衣体现了汉代对战国物质文明的继承和发展以及对后世的影响，展现了中华文明数千年一脉相承发展的特质。

战国镜衣，高5厘米，直径17厘米
江陵马山一号墓出土，荆州博物馆藏

12
绢地"长寿绣"枕
Pillow with "Longevity Embroidery"

西汉早期（前206—约前163）　　　Early Western Han Dynasty (206 BCE—c. 163 BCE)
长45厘米，宽10.5厘米，高12厘米　Length 45 cm, width 10.5 cm, height 12 cm
1972年湖南长沙马王堆一号墓出土　Unearthed from Han Tomb No.1 at Mawangdui, Changsha, Hunan, in 1972
绢、绢地刺绣、经锦　　　　　　　Tabby, embroidery, *jin*-silk
院藏编号：6307　分类号：440　　Collection Number: 6307　Sub-number: 440

　　枕是人们日常生活中就寝和卧息时的必备用具，有着悠久的历史。在我国，先秦典籍中有关枕的记载已不少。《诗经·陈风·泽陂》："有美一人，硕大且俨，寤寐无为，辗转伏枕。"[1]《诗经·唐风·葛生》："角枕粲兮，锦衾烂兮。"[2]考古资料表明我国考古发掘最早的枕头实物是战国时期的木枕，出土于湖北省荆州市江陵县马山一号楚墓。汉及以后，枕头的造型和材质丰富且多样起来，有硬质枕头和软质枕头之分。硬枕有木、竹、石、玉、铜等，软枕为布、丝织类。[3]

　　长沙马王堆一号墓北边厢出土的"长寿绣"枕便是一件典型的汉代软枕，也是目前所见最早的软枕实物。随葬品清单遣册简254记载"绣枕一"，指的便是这件绢地"长寿绣"枕。绣枕出土时保存较好，为长方形枕头，上下两面为绢地"长寿绣"，两个侧面则用红色茱萸纹锦，两端的枕顶用几何纹绒圈锦，锦绣并用，富丽华贵。

1　诗经 [M]. 王秀梅，译注. 北京：中华书局，2012：164.
2　诗经 [M]. 王秀梅，译注. 北京：中华书局，2012：199.
3　李宏复. 枕顶绣的文化意蕴及象征符号研究 [D]. 北京：中央民族大学，2004.

1　陈锐.马王堆汉墓"长寿绣"凤鸟纹样考[J].
　　故宫博物院院刊,2023（6）:36-47.

2　黄燕."茱萸纹"图式形态考辨[J].美苑,
　　2013（6）:61-65.

3　葛洪.西京杂记[M].周天游,校注.西安:
　　三秦出版社,2006:146.

4　洪兴祖.楚辞补注[M].北京:中华书局,
　　2006:5.

茱萸纹锦纹样

上下枕面为绢地"长寿绣"。"长寿绣"花纹满绣在深棕色绢面上,所采用的刺绣技法为锁绣法。绣线颜色有棕红、淡黄、橄榄绿和棕褐四色,针脚长0.2厘米,线径0.08厘米。枕面上的"长寿绣"纹样属于《长沙马王堆一号汉墓》中所述的Ⅰ型"长寿绣",即遣册中记载的"长寿绣"。由于枕面宽度为10.5厘米,而Ⅰ型"长寿绣"的图案单元长23厘米、宽16.5厘米,因此枕面上的"长寿绣"纹饰没有一个完整的图案单元,所见的纹饰有穗状流云、卷草和花叶。其中,"长寿绣"纹样中的两种典型的穗状流云清晰,线条流畅生动,一种是双色云头穗状流云,另一种为心形云头穗状流云。[1]

绣枕的枕顶面采用的面料是不同形状的几何纹绒圈锦,为Ⅰ型几何纹绒圈锦。绒圈锦为三枚经线提花并起绒圈的经四重组织,花型层次分明,有菱形、Z形和L形,各花型绒圈交替分布,纹样极具立体效果,甚为华丽。

绣枕两侧的红色茱萸纹锦,为两重三枚经线提花组织,经纬密度为每平方厘米156根×40根。其纹样为不分叉的尖状花头和穿插其间的方折点状图案,最为明显的特征是图案中的三瓣花头。[2]茱萸是具有浓烈香味的植物,可入药。汉代有佩茱萸祛灾辟邪的习俗。而且茱萸与重阳民俗有关,有长寿寓意,汉代刘歆的《西京杂记》载:"九月九日,佩茱萸,食蓬饵,饮菊华（花）酒,令人长寿。"[3]因此茱萸纹在汉代甚为流行,丝织和刺绣均大量采用,其形式优美,纹样富于变化。

为了达到助眠和强身健体的目的,古人在枕内放香草之类的药材。马王堆汉墓出土的"长寿绣"枕便是一件香枕或者说药枕。出土时,绣枕下部已因糟朽而开裂,露出内部填塞的佩兰。上下和两侧面的中部,各有一行绛红色丝缕钉成的四个"十"字形穿心结,每个结都是横线压竖线,两端也各有一个"十"字结,以便约束枕内填塞的佩兰。佩兰早在战国时期就作为香料使用,《楚辞》"纫秋兰以为佩"[4]便是最好的证明。使用香枕、香囊及薰香是战国时期楚地的习俗,从马王堆汉墓出土的绣花香枕、香囊等文物可知汉传习楚俗。长沙马王堆汉墓出土的绣枕有保健功能,而广州市西汉南越王墓出土了一件素绢珍珠囊枕,形状为长方形,丝囊,枕芯为珍珠,具保健功效。

这件"长寿绣"枕面料锦绣并用,华贵富丽,内填佩兰,寓意吉祥。马王堆一号墓出土的此件绣枕不仅展现了汉初高超的织造技艺,而且体现了西汉贵族卓越的艺术品位。

"长寿绣"局部

Ⅰ型几何纹绒圈锦局部

茱萸纹锦局部

13

绛紫色绢地 "长寿绣" 丝绵袍

Floss-padded Robe with "Longevity Embroidery"

西汉早期（前206—约前163）

衣长130厘米，两袖通长232厘米

1972年湖南长沙马王堆一号墓出土

绢、绢地刺绣、经锦

院藏编号：6290　分类号：357-3

Early Western Han Dynasty (206 BCE–c. 163 BCE)

Length 130 cm, cuff to cuff distance 232 cm

Unearthed from Han Tomb No.1 at Mawangdui, Changsha, Hunan, in 1972

Tabby, embroidery, *jin*-silk

Collection Number: 6290　Sub-number: 357-3

　　在我国，袍服早在春秋战国时期就已出现。秦汉时期，袍服有曲裾和直裾两种款式。随着社会的发展和服饰的变化，男子曲裾逐渐减少，而女子曲裾则保留时间相对较长，直到东汉末期至魏晋时期，随着女子襦裙的流行，曲裾袍服才不再流行。

　　长沙马王堆一号墓西边厢第三层357号竹笥出土的绛紫色绢地 "长寿绣" 丝绵袍便是一件典型的西汉女子曲裾袍服，形制为交领、右衽、曲裾，袍长130厘米，两袖通长232厘米，袖宽30厘米，袖口宽24厘米，腰宽58厘米，下摆宽66厘米，领缘宽20厘米，袖缘宽26厘米，摆缘宽

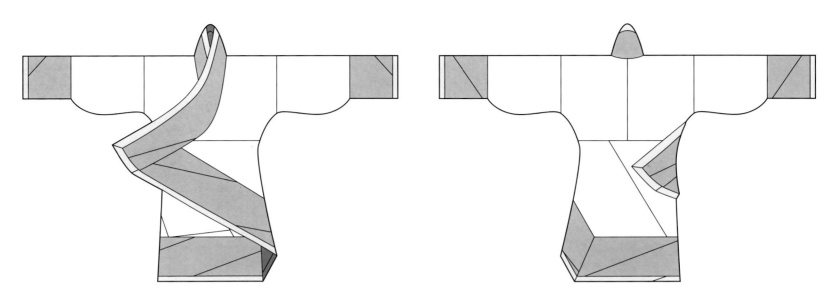

"长寿绣"丝绵袍形制

30厘米。这件丝绵袍采用绛紫色绢做面料，其上刺绣，里衬黄色素绢，内絮丝绵，绒圈锦装饰于领缘、袖缘和下摆缘，彰显着其独特的贵气与华丽；形制长而紧身，下摆呈喇叭状，完美地展现了汉代女性的婀娜、优雅与端庄。

这件绛紫色绢地"长寿绣"丝绵袍采用了三种面料：衣面通体采用绛紫色绢为地，绛紫色绢经纬密度为每平方厘米130根×60根；袍里和绒圈锦边缘均采用土黄色素绢，黄色素绢经纬密度为每平方厘米86根×42根；领缘拼接几何纹绒圈锦。

马王堆一号墓竹笥出土的11件绵袍中仅3件绵袍（329-10、357-3、357-5）的袍缘、摆缘、袖口缘边装饰有绒圈锦，绛紫色绢地"长寿绣"丝绵袍便是其中之一。这种绒圈锦的地纹饰以菱形纹，几何绒圈纹饰分布其间，几何图形之间饰以断续的虚线点纹，使得每个纹样都在一个近似菱形纹的格子中，绒圈纹样与地纹相互衬托，错落有致，层次分明，是典型的Ⅳ型几何纹绒圈锦。其织工精细巧妙，织造工艺高超复杂，既是汉代丝织品中的一项重要发现，又是汉代丝织品中最高级的织物。

这件曲裾丝绵袍的"长寿绣"纹样属于《长沙马王堆一号汉墓》中所述的Ⅲ型"长寿绣"。Ⅲ型"长寿绣"的特点是图案单元的一端似头状花纹和两个如意状花纹，另一端则有朱红和土黄色的如意状花纹各一个，隐约似藏在云中的龙头。

从裁缝上看，这件绛紫色绢地"长寿绣"丝绵袍是先刺绣好面料后，再裁剪制衣的。马王堆汉墓出土的曲裾丝绵袍都是交领、右衽，上衣正裁，下裳斜裁。《释名》载："妇人以绛作衣裳，上下连，四起施缘，亦曰袍。"[1]曲裾丝绵袍袖端较窄，而袖略带弧形，形制为上衣下裳相连的"深衣制"，但和深衣裁剪略有不同。曲裾袍的裁剪根据面料幅宽不同，上衣和下裳裁剪所需的面料数量也不相同。马王堆汉墓出土的面料幅宽有40厘米和50厘米两种规格。幅宽为40厘米的面料，上衣裁6片，下裳裁4片；幅宽为50厘米的面料，上衣裁4片，下裳裁3片。上衣部分采用直裁方法，下裳部分整幅直接斜裁。上下连接之后，再加以袍缘，合缝成外襟。这件绛紫色绢地"长寿绣"丝绵袍的裁片幅宽为50厘米，上衣4片，下裳3片，两腋下有袼，左腋下的袼由2片残片缝合而成，右腋下的袼则是以整幅面料沿着侧缝对折。[2]这种裁缝方式既节省面料，又可很好地表现蚕丝面料的光泽效果。

此外，对绛紫色绢和绣线进行检测分析的结果表明，衣身绢面料为茜草染色，铝盐络合物媒染；黄色绣线为黄檗染色，铝盐媒染；朱红色绣线为朱砂染色。

这件绛紫色绢地"长寿绣"丝绵袍不仅是马王堆汉墓出土袍服的典型代表，更代表着该墓的丝织品文物的最高等级。其精湛的织造工艺和独特的刺绣艺术，展示了汉代织绣与印染技艺的卓越水平。

1　刘熙. 释名 [M]. 北京：中华书局，1985：81.

2　董鲜艳，蔺朝颖. 西汉绛紫绢地"长寿绣"丝绵袍制作工艺考析 [J]. 文博，2022（1）：105.

14

绢地"乘云绣"枕巾
Pillow Cover with "Cloud-riding Embroidery"

西汉早期（前206—约前163）　　　　Early Western Han Dynasty (206 BCE–c. 163 BCE)

长87.5厘米，宽65厘米　　　　　　　Length 87.5 cm, width 65 cm

1972年湖南长沙马王堆一号墓出土　　Unearthed from Han Tomb No.1 at Mawangdui, Changsha, Hunan, in 1972

绢、绢地刺绣、经锦　　　　　　　　Tabby, embroidery, *jin*-silk

院藏编号：6311　分类号：444　　　Collection Number: 6311　Sub-number: 444

枕巾是覆盖在枕上的织物。马王堆一号墓北边厢出土了一件绢地"乘云绣"枕巾。枕巾保存状态良好，形制基本完整，呈长方形，幅面有深色污染和破损。此枕巾淡黄绢面刺绣"乘云绣"，绢面的经纬密度为每平方厘米140根×60根。周缘镶以宽6.5厘米的绒圈锦和宽4厘米的淡黄绢，里衬素绢。绢里经纬密度为每平方厘米68根×46根。同墓葬出土的遣册简253记载"素乘云绣枕巾一缋周掾（缘）素绫"，可知这种纹样的刺绣在汉代时其名为"乘云绣"。一号墓北边厢出土了两件形制基本相同、刺绣纹样极其相似的枕巾，但两件枕巾的地子不同，一件是绢地，另一件是绮地。竹简记载为"素乘云绣"，指的就是这件绢地"乘云绣"枕巾。绮地"乘云绣"枕巾出土时，保存状态和色泽均不及绢地"长寿绣"枕巾好。

绢地"乘云绣"枕巾上的刺绣纹饰由图案单元作1/2错位连缀式排列而成。图案单元由桃形、藤蔓、卷草、花蕾、穗状流云和云中隐约露头的凤首等纹样组成，为典型的II型"乘云绣"。绢地"乘云绣"枕巾上的刺绣纹样采用锁绣法以朱红、棕红、金黄和灰绿四种丝线绣成。绣线针脚长0.2厘米，线径0.08厘米。绣线的染色物质既有矿物染料又有植物染料。受污染处，呈蓝灰、紫灰和黑等色。

竹简遣册记载"缋周掾（缘）"，与枕巾实物对照，"缋"指的是绢地"乘云绣"四周缘拼接的绒圈锦。这件枕巾绒圈锦上的提花花型有7种，分别是变形勾连雷纹、斜体I形纹、菱形纹、点状菱格纹、V形纹、N形纹和杯纹，似空心线条勾勒，属于I型绒圈锦。提花图形的排列布局为纵向分列，每列一种形状，共7列，即由这7种花型组成。绒圈锦织造技艺是汉代的创新技术，也是迄今世界上所见最早的绒类丝织品。

竹简遣册记载"素绫"，与枕巾实物对照，"素"指的是绢地"乘云绣"枕巾绒圈锦四周缘拼接的淡黄色素绢，素绢是接缝在绒圈锦缘上的，不见包裹绒圈锦的现象。

值得一提的是，长沙马王堆一号墓北边厢东侧不仅出土了两件"乘云绣"枕巾，而且出土了一件"长寿绣"绣枕。从出土位置看，绢地"乘云绣"枕巾覆盖在绣枕上，绣枕的北面是绮地"乘云绣"枕巾。从而可知，两件枕巾与绣枕为配套使用。"乘云绣"枕巾与"长寿绣"枕头组合使用，寓意吉祥美好。一个枕头配两件枕巾符合贵族生活需求，绣枕内填保健香料，不宜水洗，而枕巾可换洗，这充分展现出汉代贵族舒适精致的生活状态。

这件绢地"乘云绣"枕巾精美大气，寓意吉祥，刺绣技艺精湛，针脚整齐平顺，绣线颜色丰富，其中朱红色和棕红色保存得相当好，色泽鲜艳明丽，代表了西汉初期高超的刺绣水平和发达的染色技术，显示出汉代手工业的发达。

绮地"乘云绣"枕巾（院藏编号：6312　分类号：446）

绢地"乘云绣"枕巾绒圈锦上的七种花型示意

绢地"乘云绣"枕巾I型绒圈锦局部

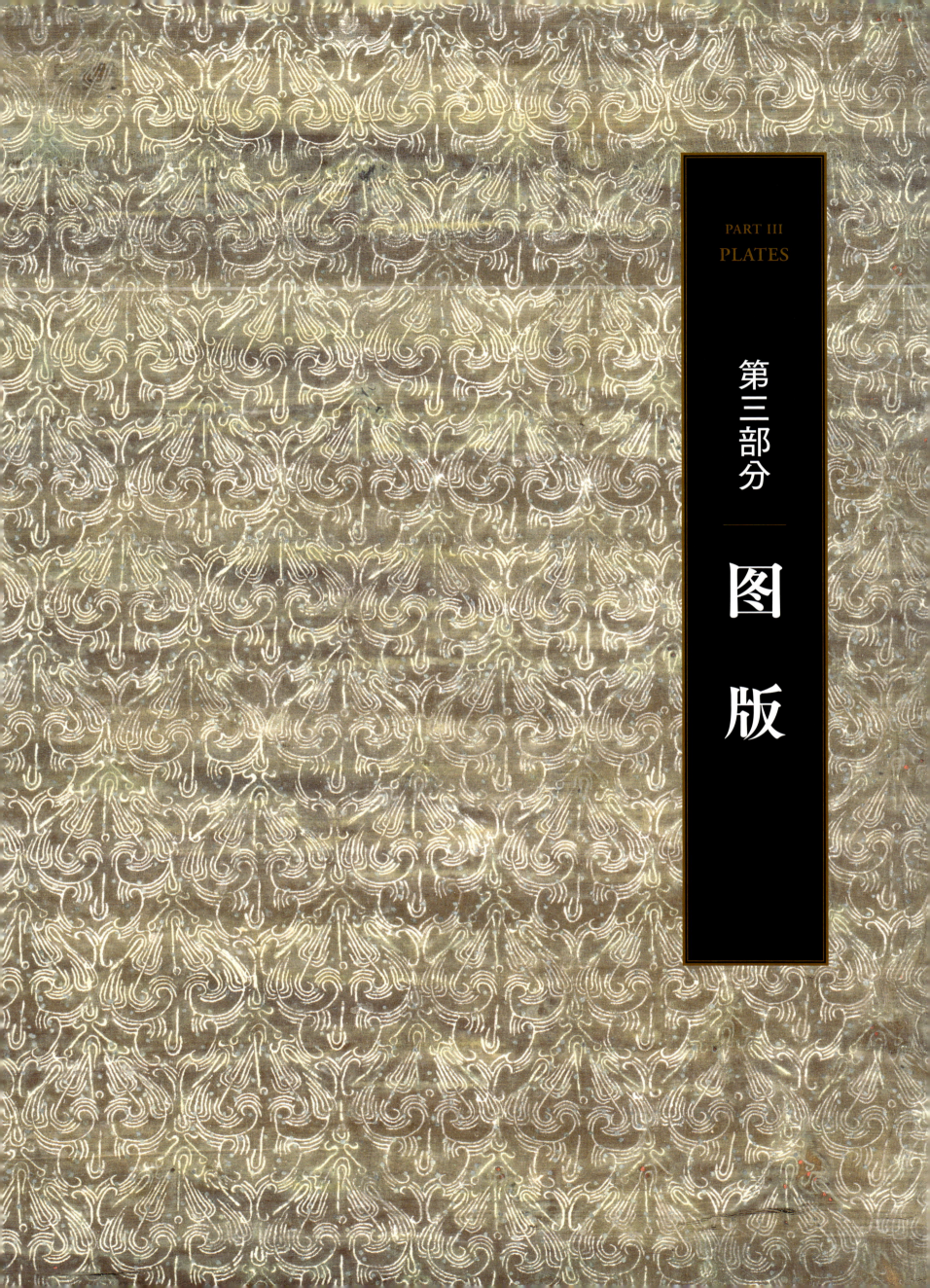

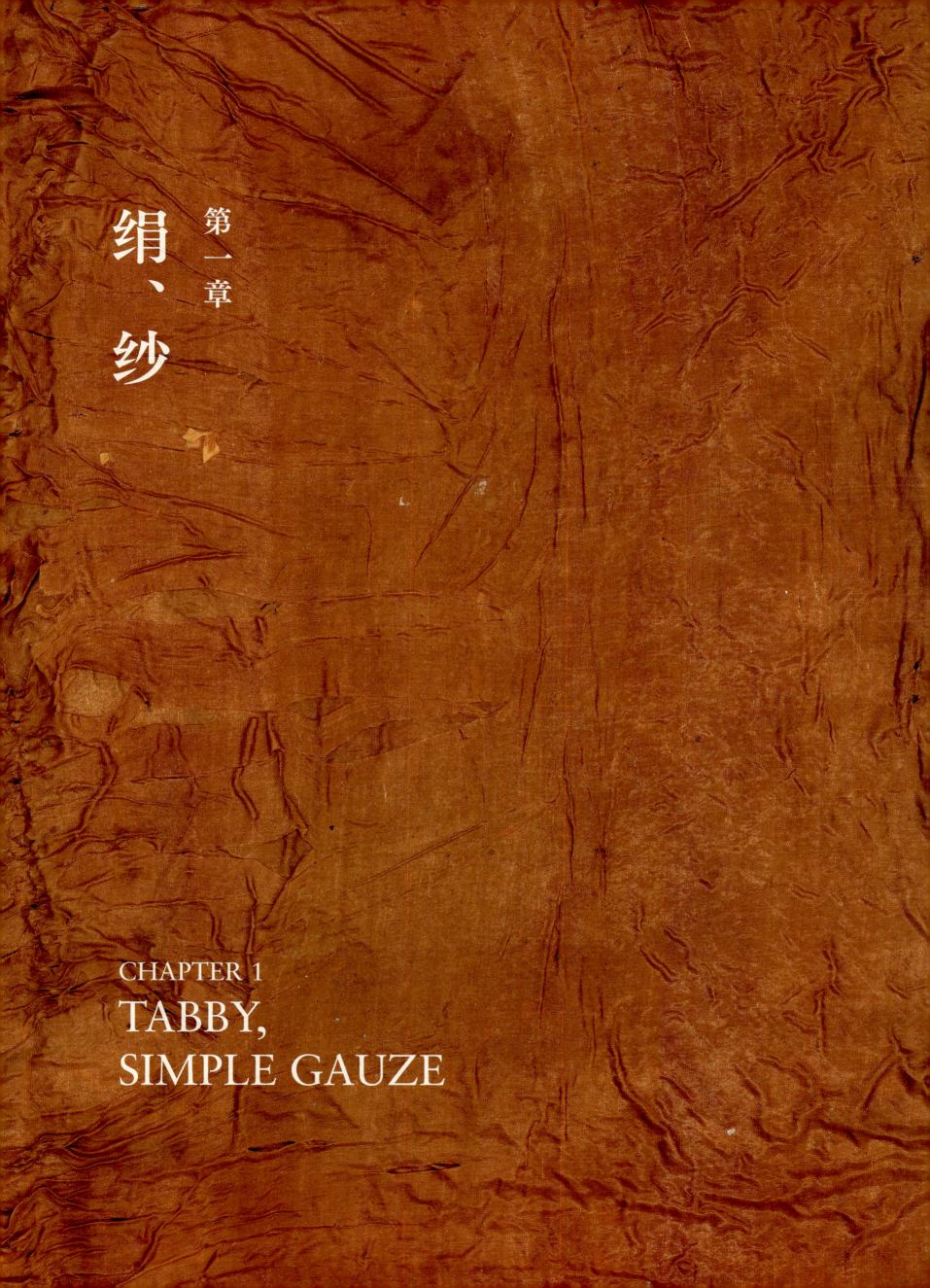

第一章

绢、纱

CHAPTER 1
TABBY,
SIMPLE GAUZE

15
绢裙（2件）
Unlined Silk Skirts (2 pieces)

（1）绛紫色绢单裙

西汉早期（前206—约前163）
高87厘米，下摆宽193厘米，腰宽145厘米
1972年湖南长沙马王堆一号墓出土
绢
院藏编号：6296　分类号：329-1

（2）银褐色绢单裙

西汉早期（前206—约前163）
高87厘米，下摆宽158厘米，腰宽143厘米
1972年湖南长沙马王堆一号墓出土
绢、纱
院藏编号：6297　分类号：329-2

(1) Unlined Silk Skirt

Early Western Han Dynasty (206 BCE–c. 163 BCE)
Height 87 cm, hem 193 cm, waist width 145 cm
Unearthed from Han Tomb No.1 at Mawangdui,
Changsha, Hunan, in 1972
Tabby
Collection Number: 6296　Sub-number: 329-1

(2) Unlined Silk Skirt

Early Western Han Dynasty (206 BCE–c. 163 BCE)
Height 87 cm, hem 158 cm, waist width 143 cm
Unearthed from Han Tomb No.1 at Mawangdui,
Changsha, Hunan, in 1972
Tabby, simple gauze
Collection Number: 6297　Sub-number: 329-2

16
褐色绢袍缘
Robe Edging

西汉早期（前206—约前163）
长348厘米，宽28厘米
1972年湖南长沙马王堆一号墓出土
绢
院藏编号：6295　分类号：329-7

Early Western Han Dynasty (206 BCE–c. 163 BCE)
Length 348 cm, width 28 cm
Unearthed from Han Tomb No.1 at Mawangdui, Changsha, Hunan, in 1972
Tabby
Collection Number: 6295　Sub-number: 329-7

17

白绢曲裾单衣

Unlined Robe with Diagonal Lapel

西汉早期（前206—约前163）

衣长140厘米，两袖通长232厘米，腰宽50厘米

1972年湖南长沙马王堆一号墓出土

绢

院藏编号：6278　分类号：329-9

Early Western Han Dynasty (206 BCE–c. 163 BCE)

Length 140 cm, cuff to cuff distance232 cm, waist width 50 cm

Unearthed from Han Tomb No.1 at Mawangdui, Changsha, Hunan, in 1972

Tabby

Collection Number: 6278　Sub-number: 329-9

18

绢袜（2双）
Silk Socks (2 pairs)

（1）褐色绢夹袜

西汉早期（前206—约前163）

靿长22.5厘米，底长23.4厘米，头宽8厘米，口宽12厘米，
开口长8.7厘米

1972年湖南长沙马王堆一号墓出土

绢

院藏编号：6301　分类号：329-3①②

(1) Lined Silk Socks

Early Western Han Dynasty (206 BCE–c. 163 BCE)

Height 22.5 cm, length of bottom 23.4 cm, toe width 8 cm,
diameter 12 cm, length of opening 8.7 cm

Unearthed from Han Tomb No.1 at Mawangdui,
Changsha, Hunan, in 1972

Tabby

Collection Number: 6301　Sub-number: 329-3①②

（2）绛紫色绢袜

西汉早期（前206—约前163）

靿长21厘米，底长23厘米，头宽10厘米，口宽12.7厘米，
开口长10厘米

1972年湖南长沙马王堆一号墓出土

绢、纱

院藏编号：6302　分类号：329-4①②

(2) Silk Socks

Early Western Han Dynasty (206 BCE–c. 163 BCE)

Height 21 cm, length of bottom 23 cm, toe width 10 cm,
diameter 12.7 cm, length of opening 10 cm

Unearthed from Han Tomb No.1 at Mawangdui,
Changsha, Hunan, in 1972

Tabby, simple gauze

Collection Number: 6302　Sub-number: 329-4①②

19
淡黄色组带
Silk Strap

西汉早期（前206—约前163）
长（带穗）145厘米，宽11厘米
1972年湖南长沙马王堆一号墓出土
编织
院藏编号：6346　分类号：443-5

Early Western Han Dynasty (206 BCE–c. 163 BCE)
Length (string) 145 cm, width 11 cm
Unearthed from Han Tomb No.1 at Mawangdui,
Changsha, Hunan, in 1972
Braided
Collection Number: 6346　Sub-number: 443-5

20

镜擦

Silk Mirror Mop

西汉早期（前206—约前163）

底径5厘米，高4.5厘米

1972年湖南长沙马王堆一号墓出土

绢、绢地刺绣、经锦

院藏编号：6196　分类号：441-15

Early Western Han Dynasty (206 BCE–c. 163 BCE)

Base diameter 5 cm, height 4.5 cm

Unearthed from Han Tomb No.1 at Mawangdui, Changsha, Hunan, in 1972

Tabby, embroidery, *jin*-silk

Collection Number: 6196　Sub-number: 441-15

443-12①

443-12②

21
针衣（2件）
Silk Needle Holders (2 pieces)

西汉早期（前206—约前163）
①长16厘米，宽8.8厘米；②长16厘米，宽8.8厘米
1972年湖南长沙马王堆一号墓出土
绢、罗
院藏编号：6069（附件）　分类号：443-12①②

Early Western Han Dynasty (206 BCE–c. 163 BCE)
①Length 16 cm, width 8.8 cm;
②Length 16 cm, width 8.8 cm
Unearthed from Han Tomb No.1 at Mawangdui,
Changsha, Hunan, in 1972
Tabby, *luo* gauze
Collection Number: 6069(accessory)　Sub-number: 443-12①②

22
黄色缣囊
Silk Bag Holding Beans

西汉早期（前206—约前163）
长70厘米，宽49厘米
1972年湖南长沙马王堆一号墓出土
绢

院藏编号：6328　分类号：341

Early Western Han Dynasty (206 BCE–c. 163 BCE)
Length 70 cm, width 49 cm
Unearthed from Han Tomb No.1 at Mawangdui,
Changsha, Hunan, in 1972
Tabby
Collection Number: 6328　Sub-number: 341

23
盛土珠的绢囊
Silk Bag Holding Pottery Pearls

西汉早期（前206—约前163）
高46厘米，口径34.5厘米
1972年湖南长沙马王堆一号墓出土
绢
院藏编号：6327　分类号：327-1

Early Western Han Dynasty (206 BCE–c. 163 BCE)
Height 46 cm, diameter 34.5 cm
Unearthed from Han Tomb No.1 at Mawangdui,
Changsha, Hunan, in 1972
Tabby
Collection Number: 6327　Sub-number: 327-1

24
褐色绢药袋（6件）
Silk Herb Bag (6 pieces)

（1）褐色绢药袋

西汉早期（前206—约前163）

长46厘米，直径25厘米

1972年湖南长沙马王堆一号墓出土

绢

院藏编号：6321　分类号：355-1

（2）褐色绢药袋

西汉早期（前206—约前163）

长62厘米，直径17厘米

1972年湖南长沙马王堆一号墓出土

绢

院藏编号：6322　分类号：355-2

（3）褐色绢药袋

西汉早期（前206—约前163）

长19厘米，直径15厘米

1972年湖南长沙马王堆一号墓出土

绢

院藏编号：6323　分类号：355-3

（4）褐色绢药袋

西汉早期（前206—约前163）

长37厘米，直径17厘米

1972年湖南长沙马王堆一号墓出土

绢

院藏编号：6324　分类号：355-4

（5）褐色绢药袋

西汉早期（前206—约前163）

长43厘米，直径18厘米

1972年湖南长沙马王堆一号墓出土

绢

院藏编号：6325　分类号：355-5

（6）褐色绢药袋

西汉早期（前206—约前163）

长44厘米，直径15厘米

1972年湖南长沙马王堆一号墓出土

绢

院藏编号：6326　分类号：355-6

(1) Silk Herb Bag

Early Western Han Dynasty (206 BCE–c. 163 BCE)

Length 46 cm, diameter 25 cm

Unearthed from Han Tomb No.1 at Mawangdui, Changsha, Hunan, in 1972

Tabby

Collection Number: 6321　Sub-number: 355-1

(2) Silk Herb Bag

Early Western Han Dynasty (206 BCE–c. 163 BCE)

Length 62 cm, diameter 17 cm

Unearthed from Han Tomb No.1 at Mawangdui, Changsha, Hunan, in 1972

Tabby

Collection Number: 6322　Sub-number: 355-2

(3) Silk Herb Bag

Early Western Han Dynasty (206 BCE–c. 163 BCE)

Length 19 cm, diameter 15 cm

Unearthed from Han Tomb No.1 at Mawangdui, Changsha, Hunan, in 1972

Tabby

Collection Number: 6323　Sub-number: 355-3

(4) Silk Herb Bag

Early Western Han Dynasty (206 BCE–c. 163 BCE)

Length 37 cm, diameter 17 cm

Unearthed from Han Tomb No.1 at Mawangdui, Changsha, Hunan, in 1972

Tabby

Collection Number: 6324　Sub-number: 355-4

(5) Silk Herb Bag

Early Western Han Dynasty (206 BCE–c. 163 BCE)

Length 43 cm, diameter 18 cm

Unearthed from Han Tomb No.1 at Mawangdui, Changsha, Hunan, in 1972

Tabby

Collection Number: 6325　Sub-number: 355-5

(6) Silk Herb Bag

Early Western Han Dynasty (206 BCE–c. 163 BCE)

Length 44 cm, diameter 15 cm

Unearthed from Han Tomb No.1 at Mawangdui, Changsha, Hunan, in 1972

Tabby

Collection Number: 6326　Sub-number: 355-6

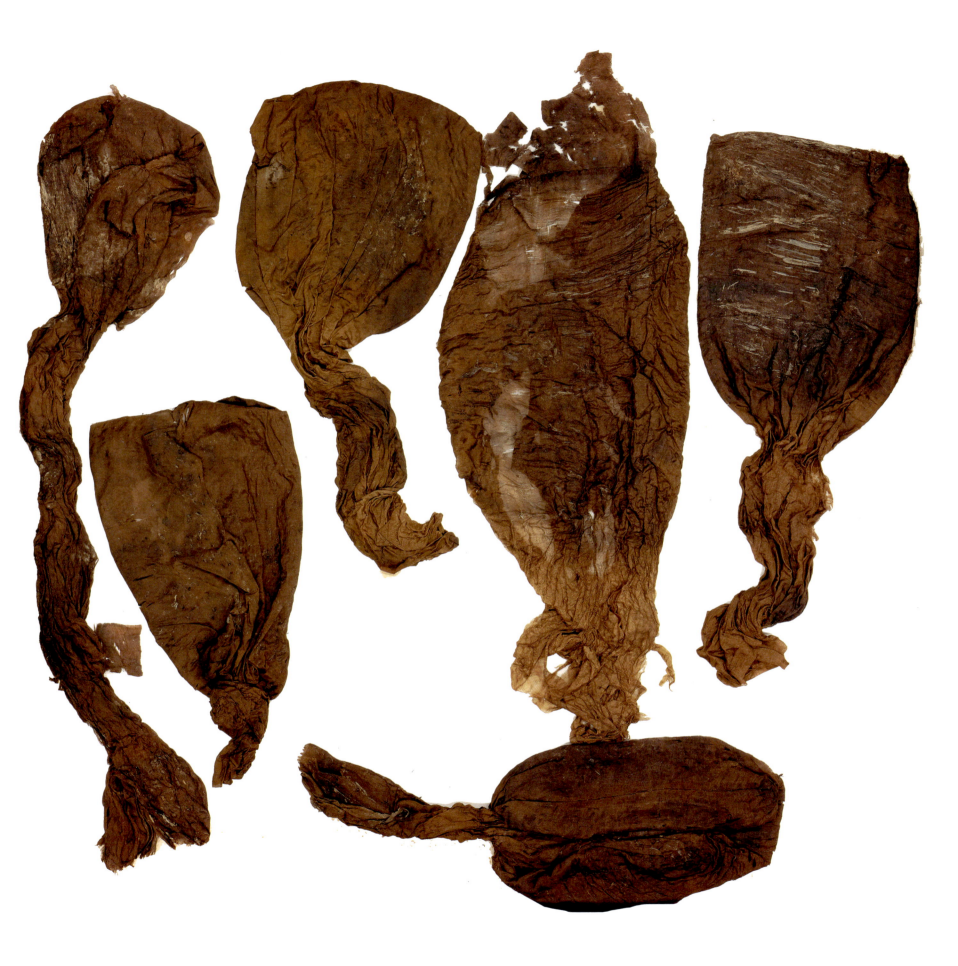

内25-4①②

内22-15

25

褐色、黄色几何纹组带

Silk Straps with Geometric Designs

西汉早期（前206—约前163）
①长48厘米，宽4厘米；②长52厘米，宽3.5厘米，打结处宽8厘米
1972年湖南长沙马王堆一号墓出土
编织
院藏编号：6521　分类号：内25-4①②

Early Western Han Dynasty (206 BCE–c. 163 BCE)
①Length 48 cm, width 4 cm;
②Length 52 cm, width 3.5 cm, knot width 8 cm
Unearthed from Han Tomb No.1 at Mawangdui,
Changsha, Hunan, in 1972
Braided
Collection Number: 6521　Sub-number: inner coffin 25-4①②

26

黄棕绢盖鼻

Silk Nose Cover

西汉早期（前206—约前163）
长9.8厘米，两端宽4厘米，中间宽2.5厘米
1972年湖南长沙马王堆一号墓出土
绢
院藏编号：6534　分类号：内22-15

Early Western Han Dynasty (206 BCE–c. 163 BCE)
Length 9.8 cm, width 4 cm, width at central 2.5 cm
Unearthed from Han Tomb No.1 at Mawangdui,
Changsha, Hunan, in 1972
Tabby
Collection Number: 6534　Sub-number: inner coffin 22-15

27

青丝履
Silk Shoes

西汉早期（前206—约前163）
长26厘米，鞋头宽7厘米，后跟深5厘米
1972年湖南长沙马王堆一号墓出土
绢、麻
院藏编号：6303　分类号：474①②

Early Western Han Dynasty (206 BCE–c. 163 BCE)
Length 26 cm, toe cap width 7 cm, sole height 5 cm
Unearthed from Han Tomb No.1 at Mawangdui,
Changsha, Hunan, in 1972
Tabby, hemp
Collection Number: 6303　Sub-number: 474①②

28

着绢衣歌俑

Singing Figurine with Clothing

西汉早期（前206—约前163）

俑高33厘米，肩宽10厘米

1972年湖南长沙马王堆一号墓出土

绢、绮

院藏编号：6103　分类号：404-2

Early Western Han Dynasty (206 BCE–c. 163 BCE)

Height 33 cm, Shoulder width 10 cm

Unearthed from Han Tomb No.1 at Mawangdui, Changsha, Hunan, in 1972

Tabby, damask on tabby

Collection Number: 6103　Sub-number: 404-2

29
纱冠
Hat

西汉早期（前206—前168）
长约36厘米，宽约24厘米
1973年湖南长沙马王堆三号墓出土
纱
院藏编号：6685　分类号：北162-2

Early Western Han Dynasty (206 BCE–168 BCE)
Length about 36 cm, width about 24 cm
Unearthed from Han Tomb No.3 at Mawangdui, Changsha, Hunan, in 1973
Simple gauze
Collection Number: 6685　Sub-number: north 162-2

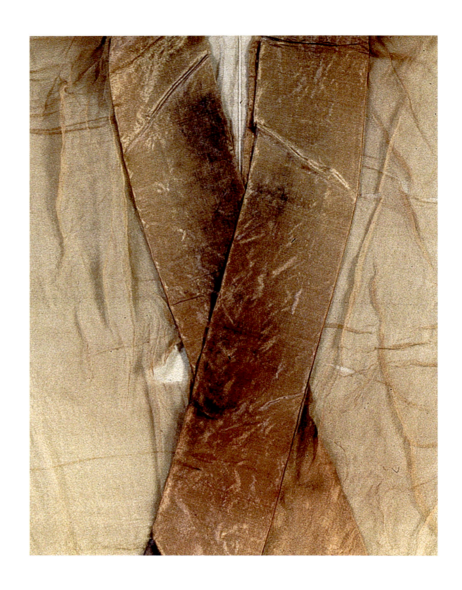

30

曲裾素纱单衣
Plain Unlined Silk Gown with Diagonal Lapel

西汉早期（前206—约前163）
衣长160厘米，袖口宽27厘米，两袖通长195厘米；重48克
1972年湖南长沙马王堆一号墓出土
纱、绢
院藏编号：6276　分类号：329-5

Early Western Han Dynasty (206 BCE–c. 163 BCE)
Length 160 cm, cuff width 27 cm, cuff to cuff distance 195 cm, weight 48 g
Unearthed from Han Tomb No.1 at Mawangdui, Changsha, Hunan, in 1972
Simple gauze, tabby
Collection Number: 6276　Sub-number: 329-5

31

印花敷彩绛红色纱丝绵袍

Printed and Painted Robe with Silk-floss Padding

西汉早期（前206—约前163）
衣长130厘米，两袖通长236厘米，腰宽48厘米，袖口宽30厘米
1972年湖南长沙马王堆一号墓出土
纱、绢、印、绘
院藏编号：6293　分类号：329-14

Early Western Han Dynasty (206 BCE–c. 163 BCE)
Length 130 cm, cuff to cuff distance 236 cm, waist width 48 cm,
cuff width 30 cm
Unearthed from Han Tomb No.1 at Mawangdui, Changsha, Hunan, in 1972
Simple gauze, tabby, printed, painted
Collection Number: 6293　Sub-number: 329-14

32

印花敷彩黄色纱丝绵袍
Printed and Painted Robe with Silk-floss Padding

西汉早期（前206—约前163）

衣长130厘米，两袖通长250厘米，腰宽51厘米

1972年湖南长沙马王堆一号墓出土

纱、绢、印、绘

院藏编号：6291　分类号：329-12

Early Western Han Dynasty (206 BCE–c. 163 BCE)

Length 130 cm, cuff to cuff distance 250 cm, waist width 51 cm

Unearthed from Han Tomb No.1 at Mawangdui, Changsha, Hunan, in 1972

Simple gauze, tabby, printed, painted

Collection Number: 6291　Sub-number: 329-12

33

金银色火焰纹印花纱
Silk with Printed Flame Pattern

西汉早期（前206—约前163）
长62厘米，幅宽47厘米
1972年湖南长沙马王堆一号墓出土
纱、印
院藏编号：6266　分类号：340-11

Early Western Han Dynasty (206 BCE–c. 163 BCE)
Length 62 cm, width 47 cm
Unearthed from Han Tomb No.1 at Mawangdui, Changsha, Hunan, in 1972
Simple gauze, printed
Collection Number: 6266　Sub-number: 340-11

34

漆缅纱冠
Lacquer-painted Official Hat

西汉早期（前206—约前163）
冠长39.8厘米，宽16.3厘米，高29.6厘米
1973年湖南长沙马王堆三号墓出土
纱、编织
院藏编号：6684　分类号：北162-1

Early Western Han Dynasty (206 BCE–c. 163 BCE)
Cap length 39.8 cm, width 16.3 cm, height 29.6 cm
Unearthed from Han Tomb No.3 at Mawangdui, Changsha, Hunan, in 1973
Simple gauze, braided
Collection Number: 6684　Sub-number: north 162-1

罗　第二章

CHAPTER 2
LUO GAUZE

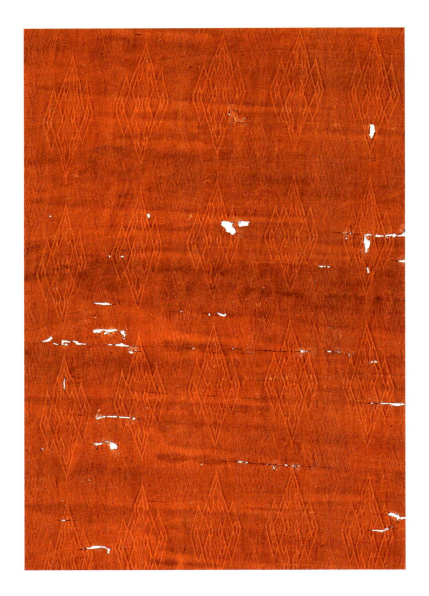 

35
朱红色菱形纹罗（2件）
Silks with Lozenges (2 pieces)

（1）朱红色菱形纹罗

西汉早期（前206—约前163）
长72厘米，幅宽48厘米
1972年湖南长沙马王堆一号墓出土
罗
院藏编号：6253　分类号：354-2

(1) Silk with Lozenges

Early Western Han Dynasty (206 BCE–c. 163 BCE)
Length 72 cm, width 48 cm
Unearthed from Han Tomb No.1 at Mawangdui,
Changsha, Hunan, in 1972
Luo gauze
Collection Number: 6253　Sub-number: 354-2

（2）朱红色菱形纹罗

西汉早期（前206—约前163）
长75厘米，幅宽48厘米
1972年湖南长沙马王堆一号墓出土
罗
院藏编号：6252　分类号：354-1

(2) Silk with Lozenges

Early Western Han Dynasty (206 BCE–c. 163 BCE)
Length 75 cm, width 48 cm
Unearthed from Han Tomb No.1 at Mawangdui,
Changsha, Hunan, in 1972
Luo gauze
Collection Number: 6252　Sub-number: 354-1

36
褐色菱形纹罗（6件）
Silks with Lozenges (6 pieces)

（1）褐色菱形纹罗

西汉早期（前206—约前163）

长67厘米，幅宽39厘米

1972年湖南长沙马王堆一号墓出土

罗

院藏编号：6256　分类号：340-18

（1）Silk with Lozenges

Early Western Han Dynasty (206 BCE–c. 163 BCE)

Length 67 cm, width 39 cm

Unearthed from Han Tomb No.1 at Mawangdui,
Changsha, Hunan, in 1972

Luo gauze

Collection Number: 6256　Sub-number: 340-18

（2）褐色菱形纹罗

西汉早期（前206—约前163）

长51厘米，幅宽40厘米

1972年湖南长沙马王堆一号墓出土

罗

院藏编号：6255　分类号：340-17

（2）Silk with Lozenges

Early Western Han Dynasty (206 BCE–c. 163 BCE)

Length 51 cm, width 40 cm

Unearthed from Han Tomb No.1 at Mawangdui,
Changsha, Hunan, in 1972

Luo gauze

Collection Number: 6255　Sub-number: 340-17

（3）褐色菱形纹罗

西汉早期（前206—约前163）

长60厘米，幅宽49.5厘米

1972年湖南长沙马王堆一号墓出土

罗

院藏编号：6259 分类号：340-20

(3) Silk with Lozenges

Early Western Han Dynasty (206 BCE–c. 163 BCE)

Length 60 cm, width 49.5 cm

Unearthed from Han Tomb No.1 at Mawangdui,
Changsha, Hunan, in 1972

Luo gauze

Collection Number: 6259 Sub-number: 340-20

（4）褐色菱形纹罗

西汉早期（前206—约前163）

长63.5厘米，幅宽38厘米

1972年湖南长沙马王堆一号墓出土

罗

院藏编号：6258 分类号：340-19

(4) Silk with Lozenges

Early Western Han Dynasty (206 BCE–c. 163 BCE)

Length 63.5 cm, width 38 cm

Unearthed from Han Tomb No.1 at Mawangdui,
Changsha, Hunan, in 1972

Luo gauze

Collection Number: 6258 Sub-number: 340-19

 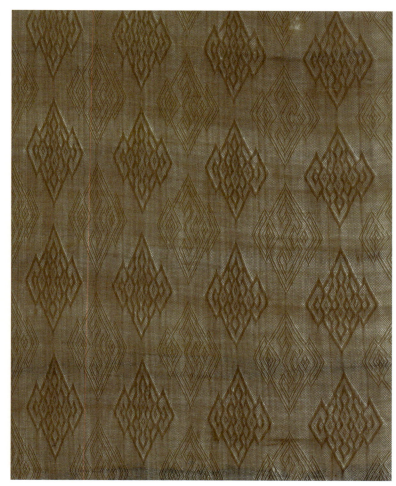

（5）褐色菱形纹罗

西汉早期（前206—约前163）

长56厘米，幅宽49.5厘米

1972年湖南长沙马王堆一号墓出土

罗

院藏编号：6257　分类号：340-21

(5) Silk with Lozenges

Early Western Han Dynasty (206 BCE–c. 163 BCE)

Length 56 cm, width 49.5 cm

Unearthed from Han Tomb No.1 at Mawangdui,

Changsha, Hunan, in 1972

Luo gauze

Collection Number: 6257　Sub-number: 340-21

（6）褐色菱形纹罗

西汉早期（前206—约前163）

长57厘米，幅宽40厘米

1972年湖南长沙马王堆一号墓出土

罗

院藏编号：6254　分类号：340-28

(6) Silk with Lozenges

Early Western Han Dynasty (206 BCE–c. 163 BCE)

Length 57 cm, width 40 cm

Unearthed from Han Tomb No.1 at Mawangdui,

Changsha, Hunan, in 1972

Luo gauze

Collection Number: 6254　Sub-number: 340-28

37
褐色菱形纹罗 "千金" 绦手套
Gloves with Braided Bands of Inscribed Characters "Qian Jin"

西汉早期（前206—约前163）
长26.5厘米，上口宽8厘米，下口宽8.8厘米
1972年湖南长沙马王堆一号墓出土
罗、绢、绦、编织
院藏编号：6298　分类号：443-2①②

Early Western Han Dynasty (206 BCE–c. 163 BCE)
Length 26.5 cm, upper opening width 8 cm,
lower opening width 8.8 cm
Unearthed from Han Tomb No.1 at Mawangdui,
Changsha, Hunan, in 1972
Luo gauze, tabby, braided bands, braided
Collection Number: 6298　Sub-number: 443-2①②

38
朱红色菱形纹罗 "千金" 绦手套
Gloves with Braided Bands of Inscribed Characters "Qian Jin"

西汉早期（前206—约前163）
长25厘米，上口宽8.2厘米，下口宽9.9厘米
1972年湖南长沙马王堆一号墓出土
罗、绢、绦、编织
院藏编号：6299　分类号：443-3①②

Early Western Han Dynasty (206 BCE–c. 163 BCE)
Length 25 cm, upper opening width 8.2 cm,
lower opening width 9.9 cm
Unearthed from Han Tomb No.1 at Mawangdui,
Changsha, Hunan, in 1972
Luo gauze, tabby, braided bands, braided
Collection Number: 6299　Sub-number: 443-3①②

39

黄褐色菱形纹罗香囊

Fragrance Sachet with Lozenges

西汉早期（前206—约前163）
通长43厘米，口径18厘米，腰宽16厘米，底直径10厘米
1972年湖南长沙马王堆一号墓出土
罗、绢、纱、绮、刺绣
院藏编号：6316　分类号：65-4

Early Western Han Dynasty (206 BCE–c. 163 BCE)
Length 43 cm, diameter of mouth 18 cm, waist width 16 cm,
base diameter 10 cm
Unearthed from Han Tomb No.1 at Mawangdui,
Changsha, Hunan, in 1972
Luo gauze, tabby, simple gauze, damask on tabby, embroidery
Collection Number: 6316　Sub-number: 65-4

40
褐色菱形纹罗丝绵袍（2件）
Silk-floss Padded Robes with Lozenges (2 pieces)

（1）褐色菱形纹罗丝绵袍

西汉早期（前206—约前163）
衣长140厘米，两袖通长238厘米，腰宽63厘米
1972年湖南长沙马王堆一号墓出土
罗、绢
院藏编号：6284　分类号：357-1

(1) Silk-floss Padded Robe with Lozenges

Early Western Han Dynasty (206 BCE–c. 163 BCE)
Length 140 cm, cuff to cuff distance 238 cm, waist width 63 cm
Unearthed from Han Tomb No.1 at Mawangdui,
Changsha, Hunan, in 1972
Luo gauze, tabby
Collection Number: 6284　Sub-number: 357-1

（2）褐色菱形纹罗丝绵袍

西汉早期（前206—约前163）
衣长136厘米，两袖通长240厘米，腰宽58厘米
1972年湖南长沙马王堆一号墓出土
罗、绢
院藏编号：6285　分类号：357-4

(2) Silk-floss Padded Robe with Lozenges

Early Western Han Dynasty (206 BCE–c. 163 BCE)
Length 136 cm, cuff to cuff distance 240 cm, waist width 58 cm
Unearthed from Han Tomb No.1 at Mawangdui,
 Changsha, Hunan, in 1972
Luo gauze, tabby
Collection Number: 6285　Sub-number: 357-4

绮

第三章

CHAPTER 3
DAMASK
ON TABBY

41
黄褐色对鸟菱形纹绮
Silk with Paired Birds and Lozenges

西汉早期（前206—约前163）
长64厘米，幅宽51厘米
1972年湖南长沙马王堆一号墓出土
绮
院藏编号：6271　分类号：340-25

Early Western Han Dynasty (206 BCE–c. 163 BCE)
Length 64 cm, width 51 cm
Unearthed from Han Tomb No.1 at Mawangdui,
Changsha, Hunan, in 1972
Damask on tabby
Collection Number: 6271　Sub-number: 340-25

42
对鸟菱形纹绮夹丝绵残片
Silk-floss Padded Fragment with Paired Birds and Lozenges

西汉早期（前206—约前163）
长15.5厘米，宽10.5厘米
1972年湖南长沙马王堆一号墓出土
绮、丝绵
院藏编号：ZMS1082

Early Western Han Dynasty (206 BCE–c. 163 BCE)
Length 15.5 cm, width 10.5 cm
Unearthed from Han Tomb No.1 at Mawangdui,
Changsha, Hunan, in 1972
Damask on tabby, silk-floss
Collection Number: ZMS1082

43
绛色菱形纹绮（2件）
Silks with Lozenges (2 pieces)

（1）绛色菱形纹绮

西汉早期（前206—约前163）

长58.2厘米，幅宽38.5厘米

1972年湖南长沙马王堆一号墓出土

绮

院藏编号：6269　分类号：340-1

(1) Silk with Lozenges

Early Western Han Dynasty (206 BCE–c. 163 BCE)

Length 58.2 cm, width 38.5 cm

Unearthed from Han Tomb No.1 at Mawangdui, Changsha, Hunan, in 1972

Damask on tabby

Collection Number: 6269　Sub-number: 340-1

（2）绛色菱形纹绮

西汉早期（前206—约前163）
长57厘米，幅宽38.5厘米
1972年湖南长沙马王堆一号墓出土
绮
院藏编号：6270 分类号：354-19

(2) Silk with Lozenges

Early Western Han Dynasty (206 BCE–c. 163 BCE)
Length 57 cm, width 38.5 cm
Unearthed from Han Tomb No.1 at Mawangdui, Changsha, Hunan, in 1972
Damask on tabby
Collection Number: 6270 Sub-number: 354-19

44
土黄色对鸟菱形纹绮残片
Fragment with Paired Birds and Lozenges

西汉早期（前206—前168）
长32.5厘米，宽21厘米
1973年湖南长沙马王堆三号墓出土
绮
院藏编号：6719　分类号：南123-2

Early Western Han Dynasty (206 BCE–168 BCE)
Length 32.5 cm, width 21 cm
Unearthed from Han Tomb No.3 at Mawangdui,
Changsha, Hunan, in 1973
Damask on tabby
Collection Number: 6719　Sub-number: south 123-2

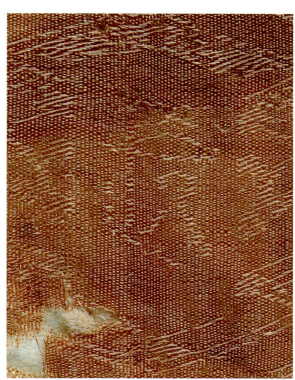
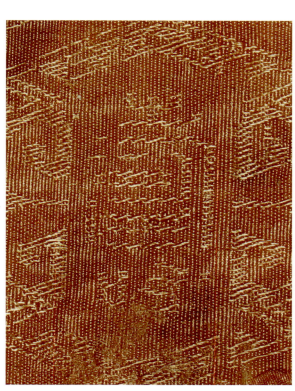

45

褐色对鸟菱形纹绮丝绵袍残片
Silk-floss Padded Robe Fragment with Paired Birds and Lozenges

西汉早期（前206—前168）
长25.5厘米，宽23.5厘米
1973年湖南长沙马王堆三号墓出土
绮
院藏编号：6750 分类号：西21

Early Western Han Dynasty (206 BCE–168 BCE)
Length 25.5 cm, width 23.5 cm,
Unearthed from Han Tomb No.3 at Mawangdui, Changsha, Hunan, in 1973
Damask on tabby
Collection Number: 6750 Sub-number: west 21

46
菱形纹绮（2件）
Fragments with Lozenges (2 pieces)

（1）土黄色菱形纹绮

西汉早期（前206—前168）
长106厘米，宽26.5厘米
1973年湖南长沙马王堆三号墓出土
绮
院藏编号：6619　分类号：南104-2②

(1) Fragment with Lozenges

Early Western Han Dynasty (206 BCE–168 BCE)
Length 106 cm, width 26.5 cm
 Unearthed from Han Tomb No.3 at Mawangdui,
Changsha, Hunan, in 1973
Damask on tabby
Collection Number: 6619　Sub-number: south 104-2②

（2）褐色菱形纹绮

西汉早期（前206—前168）

长105.5厘米，宽27厘米

1973年湖南长沙马王堆三号墓出土

绮

院藏编号：6618 分类号：南104-2①

(2) Fragment with Lozenges

Early Western Han Dynasty (206 BCE–168 BCE)

Length 105.5 cm, width 27 cm

Unearthed from Han Tomb No.3 at Mawangdui,

Changsha, Hunan, in 1973

Damask on tabby

Collection Number: 6618 Sub-number: south 104-2①

锦　第四章

CHAPTER 4
POLYCHROME
WOVEN SILK

47
褐色地双色方格纹锦
Two-color Fragment with Checkers

战国（前475—前221）
长16厘米，宽7.8厘米
1957年湖南长沙左家塘44号墓出土
经锦
院藏编号：6830　分类号：109: 20.4 ②

Warring States Period (475 BCE–221 BCE)
Length 16 cm, width 7.8 cm
Unearthed from Tomb No.44 at Zuojiatang, Changsha , Hunan, in 1957
Jin-silk
Collection Number: 6830　Sub-number: 109: 20.4 ②

48

深棕色地三色菱形纹锦
Tricolor Fragment with Lozenges

战国（前475—前221）
长32厘米，宽22厘米
1957年湖南长沙左家塘44号墓出土
经锦
院藏编号：6792　分类号：109: 20.1①

Warring States Period (475 BCE–221 BCE)
Length 32 cm, width 22 cm
Unearthed from Tomb No.44 at Zuojiatang, Changsha, Hunan, in 1957
Jin-silk
Collection Number: 6792　Sub-number: 109: 20.1①

49
褐色地"女五氏"几何纹锦
Fragment with Geometric Patterns and Inscribed Characters "Nü Wu Shi"

战国（前475—前221）
长19.9厘米，宽8.2厘米
1957年湖南长沙左家塘44号墓出土
经锦
院藏编号：6806　分类号：109: 20.2①

Warring States Period (475 BCE–221 BCE)
Length 19.9 cm, width 8.2 cm
Unearthed from Tomb No.44 at Zuojiatang,
Changsha , Hunan, in 1957
Jin-silk
Collection Number: 6806　Sub-number: 109: 20.2①

50
褐色花卉纹锦
Silk with Flowers

西汉早期（前 206—约前 163）
长 87.5 厘米，幅宽 51.5 厘米
1972 年湖南长沙马王堆一号墓出土
经锦
院藏编号：6275　分类号：340-29

Early Western Han Dynasty (206 BCE–c. 163 BCE)
Length 87.5 cm, width 51.5 cm
Unearthed from Han Tomb No.1 at Mawangdui,
Changsha, Hunan, in 1972
Jin-silk
Collection Number: 6275　Sub-number: 340-29

51
深褐色地绛红色几何纹锦
Silk with Geometric Patterns

西汉早期（前206—约前163）
长60厘米，幅宽49.5厘米
1972年湖南长沙马王堆一号墓出土
经锦
院藏编号：6273 分类号：354-9

Early Western Han Dynasty (206 BCE–c. 163 BCE)
Length 60 cm, width 49.5 cm
Unearthed from Han Tomb No.1 at Mawangdui,
Changsha, Hunan, in 1972
Jin-silk
Collection Number: 6273   Sub-number: 354-9

52

深褐色鹿纹锦瑟衣

Se (Musical Instrument) Cover with Deer

西汉早期（前206—约前163）
长133厘米，宽45厘米
1972年湖南长沙马王堆一号墓出土
经锦、绢
院藏编号：6319 分类号：334-1

Early Western Han Dynasty (206 BCE–c. 163 BCE)
Length 134 cm, width 45 cm
Unearthed from Han Tomb No.1 at Mawangdui,
Changsha, Hunan, in 1972
Jin-silk, tabby
Collection Number: 6319 Sub-number: 334-1

53

深褐色鹿纹锦竽衣

Yu (Musical Instrument) Cover with Deer

西汉早期（前206—约前163）
长137厘米，宽20.5厘米，上口径35厘米，底口径15厘米
1972年湖南长沙马王堆一号墓出土
经锦、绢、绢地刺绣
院藏编号：6320 分类号：334-2

Early Western Han Dynasty (206 BCE–c. 163 BCE)
Length 137 cm, width 20.5 cm, top diameter 35 cm, base
diameter 15 cm
Unearthed from Han Tomb No.1 at Mawangdui,
Changsha, Hunan, in 1972
Jin-silk, tabby, embroidery
Collection Number: 6320 Sub-number: 334-2

54
几何纹绒圈锦残片
Fragments with Geometric Patterns

西汉早期（前206—约前163）
长41.5厘米，宽12厘米；长39.5厘米，宽12.5厘米
1972年湖南长沙马王堆一号墓出土
绒圈锦
院藏编号：6423　分类号：内15-1

Early Western Han Dynasty (206 BCE–c. 163 BCE)
Length 41.5 cm, width 12 cm; length 39.5 cm, width 12.5 cm
Unearthed from Han Tomb No.1 at Mawangdui,
Changsha, Hunan, in 1972
Jin-silk with piles
Collection Number: 6423　Sub-number: inner coffin 15-1

55
丝绵袍几何纹绒圈锦袖口残片
Silk-floss Padded Cuff Fragment with Geometric Patterns

西汉早期（前206—约前163）
长14厘米，宽6厘米
1972年湖南长沙马王堆一号墓出土
绒圈锦、绢
院藏编号：6348

Early Western Han Dynasty (206 BCE–c. 163 BCE)
Length 14 cm, width 6 cm
Unearthed from Han Tomb No.1 at Mawangdui,
Changsha, Hunan, in 1972
Jin-silk with piles, tabby
Collection Number: 6348

(1)｜(2)
｜(3)

56
绣花夹袍几何纹绒圈锦袖缘、腰带（3件）

Cuff Edgings and Belt with Embroidery and Geometric Patterns (3 pieces)

（1）绣花夹袍几何纹绒圈锦腰带

西汉早期（前206—约前163）

长198厘米，宽7.5厘米

1972年湖南长沙马王堆一号墓出土

绒圈锦

院藏编号：6280　分类号：437-2

(1) Belt with Embroidery and Geometric Patterns

Early Western Han Dynasty (206 BCE–c. 163 BCE)

Length 198 cm, width 7.5 cm

Unearthed from Han Tomb No.1 at Mawangdui, Changsha, Hunan, in 1972

Jin-silk with piles

Collection Number: 6280　Sub-number: 437-2

（2）绣花夹袍几何纹绒圈锦袖缘

西汉早期（前206—约前163）

长32.5厘米，宽7.5厘米

1972年湖南长沙马王堆一号墓出土

绒圈锦

院藏编号：6282　分类号：437-4

(2) Cuff Edging with Embroidery and Geometric Patterns

Early Western Han Dynasty (206 BCE–c. 163 BCE)

Length 32.5 cm, width 7.5 cm

Unearthed from Han Tomb No.1 at Mawangdui, Changsha, Hunan, in 1972

Jin-silk with piles

Collection Number: 6282　Sub-number: 437-4

（3）绣花夹袍几何纹绒圈锦袖缘

西汉早期（前206—约前163）

长65厘米，宽7.5厘米

1972年湖南长沙马王堆一号墓出土

绒圈锦

院藏编号：6281　分类号：437-3

(3) Cuff Edging with Embroidery and Geometric Patterns

Early Western Han Dynasty (206 BCE–c. 163 BCE)

Length 65 cm, width 7.5 cm

Unearthed from Han Tomb No.1 at Mawangdui, Changsha, Hunan, in 1972

Jin-silk with piles

Collection Number: 6281　Sub-number: 437-3

绣花夹袍几何纹绒圈锦腰带（院藏编号：6280 分类号：437-2）立体显微镜照

57

丝绵袍几何纹绒圈锦残片

Silk-floss Padded Robe Fragment with Geometric Patterns

西汉早期（前206—约前163）

长31.5厘米，宽26厘米

1972年湖南长沙马王堆一号墓出土

绒圈锦、绢

院藏编号：6360　分类号：内9叠内6

Early Western Han Dynasty (206 BCE–c. 163 BCE)

Length 31.5 cm, width 26 cm

Unearthed from Han Tomb No.1 at Mawangdui, Changsha, Hunan, in 1972

Jin-silk with piles, tabby

Collection Number: 6360　Sub-number: inner coffin layer 9th folding layer 6th

58
褐色地朱红色游豹纹锦枕头残片
Pillow Fragment with Leopards

西汉早期（前206—前168）
长55厘米，宽24.5厘米
1973年湖南长沙马王堆三号墓出土
经锦
院藏编号：6623　分类号：北150-1

Early Western Han Dynasty (206 BCE–168 BCE)
Length 55 cm, width 24.5 cm
Unearthed from Han Tomb No.3 at Mawangdui,
Changsha, Hunan, in 1973
Jin-silk
Collection Number: 6623　Sub-number: north 150-1

59
褐色地绛红色几何纹锦残片（2件）
Fragments with Geometric Patterns (2 pieces)

（1）褐色地绛红色几何纹锦残片

西汉早期（前206—前168）
长110厘米，宽12厘米
1973年湖南长沙马王堆三号墓出土
经锦
院藏编号：6671　分类号：北182-4

(1) Fragment with Geometric Patterns

Early Western Han Dynasty (206 BCE–168 BCE)
Length 110 cm, width 12 cm
Unearthed from Han Tomb No.3 at Mawangdui, Changsha, Hunan, in 1973
Jin-silk
Collection Number: 6671　Sub-number: north 182-4

（2）褐色地绛红色几何纹锦残片

西汉早期（前206—前168）
长109厘米，宽34.5厘米
1973年湖南长沙马王堆三号墓出土
经锦
院藏编号：6616　分类号：南180-5

(2) Fragment with Geometric Patterns

Early Western Han Dynasty (206 BCE–168 BCE)
Length 109 cm, width 34.5 cm
Unearthed from Han Tomb No.3 at Mawangdui, Changsha, Hunan, in 1973
Jin-silk
Collection Number: 6616　Sub-number: south 180-5

南104-1

南123-1

60
褐色夔龙纹锦（2件）
Fragments with *Kui*-Dragons (2 pieces)

（1）褐色夔龙纹锦

西汉早期（前206—前168）

长109厘米，宽49.5厘米

1973年湖南长沙马王堆三号墓出土

经锦

院藏编号：6614　分类号：南104-1

（2）褐色夔龙纹锦

西汉早期（前206—前168）

长107厘米，宽50厘米

1973年湖南长沙马王堆三号墓出土

经锦

院藏编号：6611　分类号：南123-1

(1) Fragment with *Kui*-dragons

Early Western Han Dynasty (206 BCE–168 BCE)

Length 109 cm, width 49.5 cm

Unearthed from Han Tomb No.3 at Mawangdui,
Changsha, Hunan, in 1973

Jin-silk

Collection Number: 6614　Sub-number: south 104-1

(2) Fragment with *Kui*-dragons

Early Western Han Dynasty (206 BCE–168 BCE)

Length 107 cm, width 50 cm

Unearthed from Han Tomb No.3 at Mawangdui,
Changsha, Hunan, in 1973

Jin-silk

Collection Number: 6611　Sub-number: south 123-1

▶褐色夔龙纹锦（南123-1）局部

61
褐色隐花波折纹凤纹锦
Fragment with Waves and Phoenixes

西汉早期（前206—前168）

长111厘米，宽50.9厘米

1973年湖南长沙马王堆三号墓出土

经锦

院藏编号：6613　分类号：南104-2③

Early Western Han Dynasty (206 BCE–168 BCE)

Length 111 cm, width 50.9 cm

Unearthed from Han Tomb No.3 at Mawangdui, Changsha, Hunan, in 1973

Jin-silk

Collection Number: 6613　Sub-number: south 104-2③

褐色隐花波折纹凤纹锦立体显微镜照

62
褐色地朱色龙纹锦
Fragment with Dragons

西汉早期（前206—前168）
长110.4厘米，宽50厘米
1973年湖南长沙马王堆三号墓出土
经锦
院藏编号：6612　分类号：南104-3①

Early Western Han Dynasty (206 BCE–168 BCE)
Length 110.4 cm, width 50 cm
Unearthed from Han Tomb No.3 at Mawangdui, Changsha, Hunan, in 1973
Jin-silk
Collection Number: 6612　Sub-number: south 104-3①

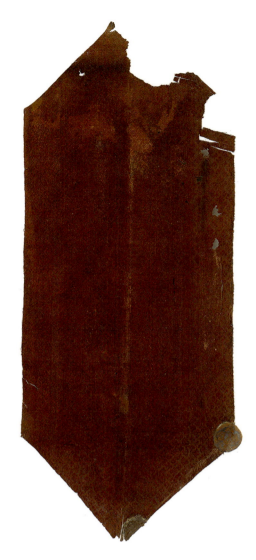

棺6-15

内-1

63
深褐色地几何纹绒圈锦残片（2件）
Fragments with Geometric Patterns (2 pieces)

（1）深褐色地几何纹绒圈锦残片

西汉早期（前206—前168）
长60厘米，宽24厘米
1973年湖南长沙马王堆三号墓出土
绒圈锦
院藏编号：6661　分类号：棺6-15

(1) Fragment with Geometric Patterns

Early Western Han Dynasty (206 BCE–168 BCE)
Length 60 cm, width 24 cm
Unearthed from Han Tomb No.3 at Mawangdui, Changsha, Hunan, in 1973
Jin-silk with piles
Collection Number: 6661　Sub-number: coffin 6-15

（2）深褐色地几何纹绒圈锦残片

西汉早期（前206—前168）
长25厘米，宽21.8厘米
1973年湖南长沙马王堆三号墓出土
绒圈锦
院藏编号：6768　分类号：内-1

(2) Fragment with Geometric Patterns

Early Western Han Dynasty (206 BCE–168 BCE)
Length 25 cm, width 21.8 cm
Unearthed from Han Tomb No.3 at Mawangdui, Changsha, Hunan, in 1973
Jin-silk with piles
Collection Number: 6768　Sub-number: inner coffin-1

▶深褐色地几何纹绒圈锦残片（棺6-15）局部

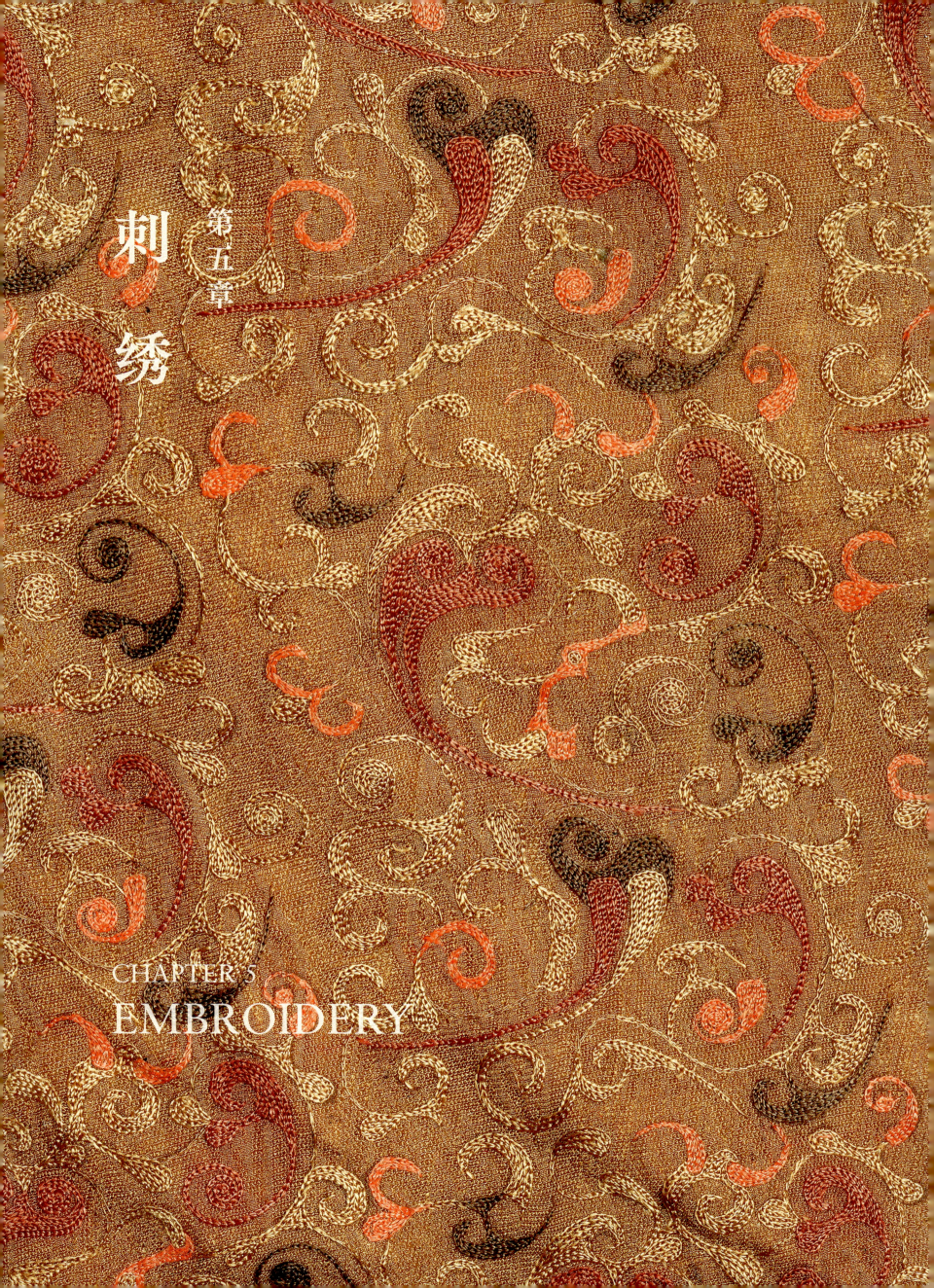

第五章

刺绣

CHAPTER 5
EMBROIDERY

64
绢地"长寿绣"夹袱
Lined Wrapper of Make-up Box with "Longevity Embroidery"

西汉早期（前206—约前163）
长85.5厘米，宽75厘米
1972年湖南长沙马王堆一号墓出土
绢、绢地刺绣
院藏编号：6309　分类号：441-1

Early Western Han Dynasty (206 BCE–c. 163 BCE)
Length 85.5 cm, width 75 cm
Unearthed from Han Tomb No.1 at Mawangdui,
Changsha, Hunan, in 1972
Tabby, embroidery
Collection Number: 6309　Sub-number: 441-1

65

绢地"长寿绣"几巾

Table Cover with "Longevity Embroidery"

西汉早期（前206—约前163）

长152厘米，宽106厘米

1972年湖南长沙马王堆一号墓出土

绢、绢地刺绣、经锦

院藏编号：6308　分类号：439

Early Western Han Dynasty (206 BCE–c. 163 BCE)

Length 152 cm, width 106 cm

Unearthed from Han Tomb No.1 at Mawangdui, Changsha, Hunan, in 1972

Tabby, embroidery, *jin*-silk

Collection Number: 6308　Sub-number: 439

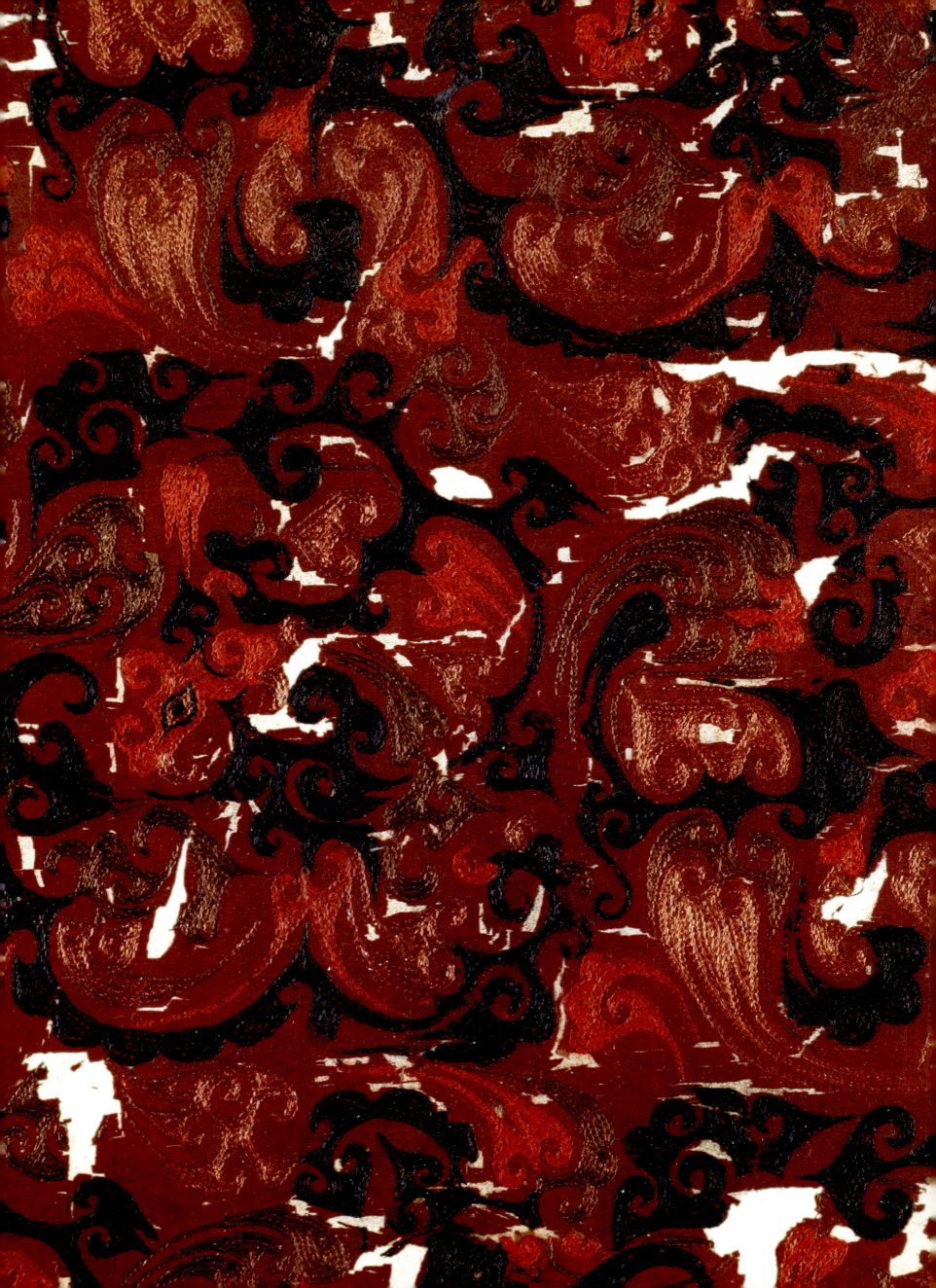

66

绛红色绢地"长寿绣"丝绵袍残片

Silk-floss Padded Robe Fragment with "Longevity Embroidery"

西汉早期（前206—约前163）
长52厘米，宽66厘米
1972年湖南长沙马王堆一号墓出土
绢、绢地刺绣
院藏编号：6366　分类号：内1-1A

Early Western Han Dynasty (206 BCE–c. 163 BCE)
Length 52 cm, width 66 cm
Unearthed from Han Tomb No.1 at Mawangdui, Changsha, Hunan, in 1972
Tabby, embroidery
Collection Number: 6366　Sub-number: inner coffin 1-1A

67
绛红色绢地"长寿绣"丝绵袍残片
Silk-floss Padded Robe Fragment with "Longevity Embroidery"

西汉早期（前206—约前163）
长70厘米，宽56厘米
1972年湖南长沙马王堆一号墓出土
绢、绢地刺绣
院藏编号：6372　分类号：内1-7A

Early Western Han Dynasty (206 BCE–c. 163 BCE)
Length 70 cm, width 56 cm
Unearthed from Han Tomb No.1 at Mawangdui,
Changsha, Hunan, in 1972
Tabby, embroidery
Collection Number: 6372　Sub-number: inner coffin 1-7A

68
黄褐色绢地"长寿绣"绵衾残片（3件）
Quilt Fragments with "Longevity Embroidery" (3 pieces)

（1）黄褐色绢地"长寿绣"绵衾残片

西汉早期（前206—约前163）
长58厘米，宽41厘米
1972年湖南长沙马王堆一号墓出土
绢、绢地刺绣
院藏编号：6378　分类号：内4-1

(1) Quilt Fragment with "Longevity Embroidery"

Early Western Han Dynasty (206 BCE–c. 163 BCE)
Length 58 cm, width 41 cm
Unearthed from Han Tomb No.1 at Mawangdui, Changsha, Hunan, in 1972
Tabby, embroidery
Collection Number: 6378　Sub-number: inner coffin 4-1

（2）黄褐色绢地"长寿绣"绵衾残片

西汉早期（前206—约前163）

长33厘米，宽31厘米

1972年湖南长沙马王堆一号墓出土

绢、绢地刺绣

院藏编号：6358　分类号：内6叠内4

(2) Quilt Fragment with "Longevity Embroidery"

Early Western Han Dynasty (206 BCE–c. 163 BCE)

Length 33 cm, width 31 cm

Unearthed from Han Tomb No.1 at Mawangdui, Changsha, Hunan, in 1972

Tabby, embroidery

Collection Number: 6358　Sub-number: inner coffin 6th folding layer 4th

（3）黄褐色绢地"长寿绣"绵衾残片

西汉早期（前206—约前163）

长61厘米，宽45厘米

1972年湖南长沙马王堆一号墓出土

绢、绢地刺绣

院藏编号：6457　分类号：内4-5

(3) **Quilt Fragment with "Longevity Embroidery"**

Early Western Han Dynasty (206 BCE–c. 163 BCE)

Length 61 cm, width 45 cm

Unearthed from Han Tomb No.1 at Mawangdui, Changsha, Hunan, in 1972

Tabby, embroidery

Collection Number: 6457　Sub-number: inner coffin 4-5

69
褐色绢地"长寿绣"残片（2件）
Fragments with "Longevity Embroidery" (2 pieces)

（1）褐色绢地"长寿绣"残片

西汉早期（前206—前168）

长108厘米，宽33厘米

1973年湖南长沙马王堆三号墓出土

绢、绢地刺绣

院藏编号：6607　分类号：南180①

(1) Fragment with "Longevity Embroidery"

Early Western Han Dynasty (206 BCE–168 BCE)

Length 108 cm, width 33 cm

Unearthed from Han Tomb No.3 at Mawangdui, Changsha, Hunan, in 1973

Tabby, embroidery

Collection Number: 6607　Sub-number: south 180①

（2）褐色绢地"长寿绣"残片

西汉早期（前206—前168）

长105厘米，宽47厘米

1973年湖南长沙马王堆三号墓出土

绢、绢地刺绣

院藏编号：6609　分类号：南180③

(2) Fragment with "Longevity Embroidery"

Early Western Han Dynasty (206 BCE–168 BCE)

Length 105 cm, width 47 cm

Unearthed from Han Tomb No.3 at Mawangdui, Changsha, Hunan, in 1973

Tabby, embroidery

Collection Number: 6609　Sub-number: south 180③

70

对鸟菱形纹绮地"乘云绣"枕巾

Pillow Cover with "Cloud-riding Embroidery"

西汉早期（前206—约前163）

长100厘米，宽74厘米

1972年湖南长沙马王堆一号墓出土

绮、绮地刺绣、绢

院藏编号：6312　分类号：446

Early Western Han Dynasty (206 BCE–c. 163 BCE)

Length 100 cm, width 74 cm

Unearthed from Han Tomb No.1 at Mawangdui, Changsha, Hunan, in 1972

Damask on tabby, embroidery, tabby

Collection Number: 6312　Sub-number: 446

71

对鸟菱形纹绮地"乘云绣"竽律衣

Yulü (Muscial Instrument) Cover with "Cloud-riding Embroidery"

西汉早期（前 206—约前 163）

长 28 厘米，上宽 19 厘米，下宽 15.5 厘米

1972 年湖南长沙马王堆一号墓出土

绮、绮地刺绣、绢

院藏编号：6353　分类号：78-1

Early Western Han Dynasty (206 BCE–c. 163 BCE)

Length 28 cm, top width 19 cm, base width 15.5 cm

Unearthed from Han Tomb No.1 at Mawangdui, Changsha, Hunan, in 1972

Damask on tabby, embroidery, tabby

Collection Number: 6353　Sub-number: 78-1

72

黄褐色对鸟菱形纹绮地"乘云绣"绵衾残片（4件）

Fragments with "Cloud-riding Embroidery" (4 pieces)

（1）黄褐色对鸟菱形纹绮地"乘云绣"绵衾残片

西汉早期（前206—约前163）
长32.5厘米，宽31厘米
1972年湖南长沙马王堆一号墓出土
绮、绮地刺绣、绢
院藏编号：6354　分类号：内1叠内3

(1) Fragment with "Cloud-riding Embroidery"

Early Western Han Dynasty (206 BCE–c. 163 BCE)
Length 32.5 cm, width 31 cm
Unearthed from Han Tomb No.1 at Mawangdui, Changsha, Hunan, in 1972
Damask on tabby, embroidery, tabby
Collection Number: 6354　Sub-number: inner coffin layer 1st folding layer 3rd

◀黄褐色对鸟菱形纹绮地"乘云绣"绵衾残片局部

（2）黄褐色对鸟菱形纹绮地"乘云绣"绵衾残片

西汉早期（前206—约前163）
长39厘米，宽34厘米
1972年湖南长沙马王堆一号墓出土
绮、绮地刺绣、绢
院藏编号：6377　分类号：内3-5

(2) Fragment with "Cloud-riding Embroidery"

Early Western Han Dynasty (206 BCE–c. 163 BCE)
Length 39 cm, width 34 cm
Unearthed from Han Tomb No.1 at Mawangdui,
Changsha, Hunan, in 1972
Damask on tabby, embroidery, tabby
Collection Number: 6377　Sub-number: inner coffin 3-5

（3）黄褐色对鸟菱形纹绮地"乘云绣"绵衾残片

西汉早期（前206—约前163）

长33.5厘米，宽31厘米

1972年湖南长沙马王堆一号墓出土

绮、绮地刺绣、绢、经锦

院藏编号：6356　分类号：内3叠内3

(3) Fragment with "Cloud-riding Embroidery"

Early Western Han Dynasty (206 BCE–c. 163 BCE)

Length 33.5 cm, width 31 cm

Unearthed from Han Tomb No.1 at Mawangdui,

Changsha, Hunan, in 1972

Damask on tabby, embroidery, tabby, *jin*-silk

Collection Number: 6356　Sub-number: inner coffin layer

3rd folding layer 3rd

▶黄褐色对鸟菱形纹绮地"乘云绣"绵衾残片局部

（4）黄褐色对鸟菱形纹绮地"乘云绣"绵衾残片

西汉早期（前206—约前163）

长59厘米，宽42厘米

1972年湖南长沙马王堆一号墓出土

绮、绮地刺绣、绢

院藏编号：6454　分类号：内3-9

(4) Fragment with "Cloud-riding Embroidery"

Early Western Han Dynasty (206 BCE–c. 163 BCE)

Length 59 cm, width 42 cm

Unearthed from Han Tomb No.1 at Mawangdui,

Changsha, Hunan, in 1972

Damask on tabby, embroidery, tabby

Collection Number: 6454　Sub-number: inner coffin 3-9

73
黄棕色绢地"乘云绣"单衣残片（3件）
Fragments with "Cloud-riding Embroidery" (3 pieces)

（1）黄棕色绢地"乘云绣"单衣残片

西汉早期（前206—约前163）
长87厘米，宽80厘米
1972年湖南长沙马王堆一号墓出土
绢、绢地刺绣
院藏编号：6394　分类号：内8-1B

(1) Fragment with "Cloud-riding Embroidery"

Early Western Han Dynasty (206 BCE–c. 163 BCE)
Length 87 cm, width 80 cm
Unearthed from Han Tomb No.1 at Mawangdui, Changsha, Hunan, in 1972
Tabby, embroidery
Collection Number: 6394　Sub-number: inner coffin 8-1B

（2）黄棕色绢地"乘云绣"单衣残片

西汉早期（前206—约前163）
长46厘米，宽38厘米
1972年湖南长沙马王堆一号墓出土
绢、绢地刺绣
院藏编号：6471　分类号：内8-10B

(2) Fragment with "Cloud-riding Embroidery"

Early Western Han Dynasty (206 BCE–c. 163 BCE)
Length 46 cm, width 38 cm
Unearthed from Han Tomb No.1 at Mawangdui, Changsha, Hunan, in 1972
Tabby, embroidery
Collection Number: 6471　Sub-number: inner coffin 8-10B

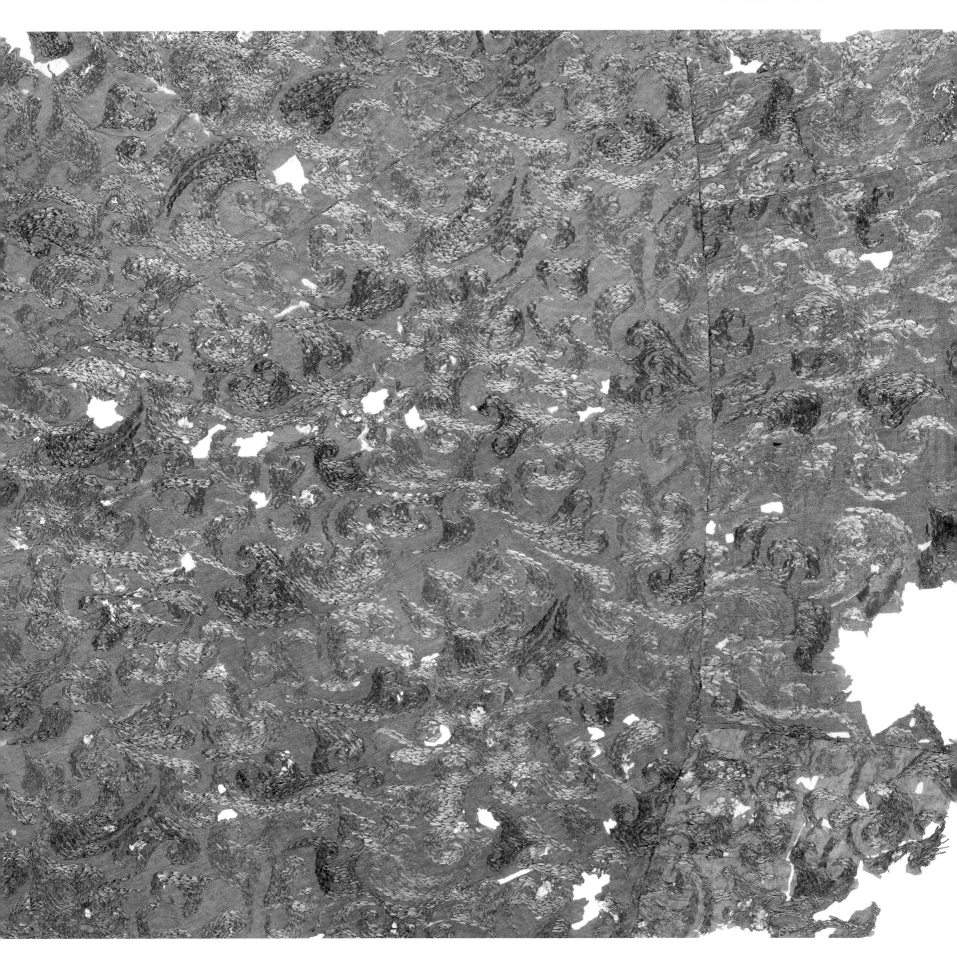

（3）黄棕色绢地"乘云绣"单衣残片

西汉早期（前206—约前163）
长53厘米，宽40厘米
1972年湖南长沙马王堆一号墓出土
绢、绢地刺绣
院藏编号：6473 分类号：内8-12

(3) Fragment with "Cloud-riding Embroidery"

Early Western Han Dynasty (206 BCE–c. 163 BCE)
Length 53 cm, width 40 cm
Unearthed from Han Tomb No.1 at Mawangdui, Changsha, Hunan, in 1972
Tabby, embroidery
Collection Number: 6473 Sub-number: inner coffin 8-12

74

绢地“乘云绣”丝绵袍残片
Silk-floss Padded Robe Fragment with "Cloud-riding Embroidery"

西汉早期（前206—约前163）

长33厘米，宽27厘米

1972年湖南长沙马王堆汉墓一号墓出土

绢、绢地刺绣

院藏编号：6487　分类号：内13-1

Early Western Han Dynasty (206 BCE–c. 163 BCE)

Length 33 cm, width 27 cm

Unearthed from Han Tomb No.1 at Mawangdui, Changsha, Hunan, in 1972

Tabby, embroidery

Collection Number: 6487　Sub-number: inner coffin 13-1

75

赭褐色绢地"乘云绣"棺饰残片

Fragment with "Cloud-riding Embroidery"

西汉早期（前206—前168）
长218厘米，宽61.5厘米
1973年湖南长沙马王堆三号墓出土
绢、绢地刺绣
院藏编号：6767　分类号：棺6

Early Western Han Dynasty (206 BCE–168 BCE)
Length 218 cm, width 61.5 cm
Unearthed from Han Tomb No.3 at Mawangdui, Changsha, Hunan, in 1973
Tabby, embroidery
Collection Number: 6767　Sub-number: coffin 6

76
"信期绣"衣料（3件）
Fabrics with Embroidery of Stylized Swallowtails (3 pieces)

（1）菱形纹罗地"信期绣"

西汉早期（前206—约前163）
长54厘米，幅宽40厘米
1972年湖南长沙马王堆一号墓出土
罗、罗地刺绣
院藏编号：6260　分类号：354-7

(1) Fabric with Embroidery of Stylized Swallowtails

Early Western Han Dynasty (206 BCE–c. 163 BCE)
Length 54 cm, width 40 cm
Unearthed from Han Tomb No.1 at Mawangdui, Changsha, Hunan, in 1972
Luo gauze, embroidery
Collection Number: 6260　Sub-number: 354-7

（2）褐色菱形纹罗地"信期绣"

西汉早期（前206—约前163）

长58厘米，幅宽40厘米

1972年湖南长沙马王堆一号墓出土

罗、罗地刺绣

院藏编号：6261　分类号：354-18

(2) Fabric with Embroidery of Stylized Swallowtails

Early Western Han Dynasty (206 BCE–c. 163 BCE)

Length 58 cm, width 40 cm

Unearthed from Han Tomb No.1 at Mawangdui, Changsha, Hunan, in 1972

Luo gauze, embroidery

Collection Number: 6261　Sub-number: 354-18

（3）黄褐色绢地"信期绣"

西汉早期（前206—约前163）
长50厘米，幅宽49.5厘米
1972年湖南长沙马王堆一号墓出土
绢、绢地刺绣
院藏编号：6233　分类号：354-20

(3) Fabric with Embroidery of Stylized Swallowtails

Early Western Han Dynasty (206 BCE–c. 163 BCE)
Length 50 cm, width 49.5 cm
Unearthed from Han Tomb No.1 at Mawangdui,
Changsha, Hunan, in 1972
Tabby, embroidery
Collection Number: 6233　Sub-number: 354-20

77
菱形纹罗地"信期绣"丝绵袍（2件）
Silk-floss Padded Robes with Embroidery of Stylized Swallowtails
(2 pieces)

（1）茶黄色菱形纹罗地"信期绣"丝绵袍

西汉早期（前206—约前163）

衣长155厘米，两袖通长243厘米，腰宽60厘米

1972年湖南长沙马王堆一号墓出土

罗、罗地刺绣、绢

院藏编号：6288 分类号：329-11

(1) Silk-floss Padded Robe with Embroidery of Stylized Swallowtails

Early Western Han Dynasty (206 BCE–c. 163 BCE)

Length 155 cm, cuff to cuff distance 243 cm, waist width 60 cm

Unearthed from Han Tomb No.1 at Mawangdui, Changsha, Hunan, in 1972

Luo gauze, embroidery, tabby

Collection Number: 6288 Sub-number: 329-11

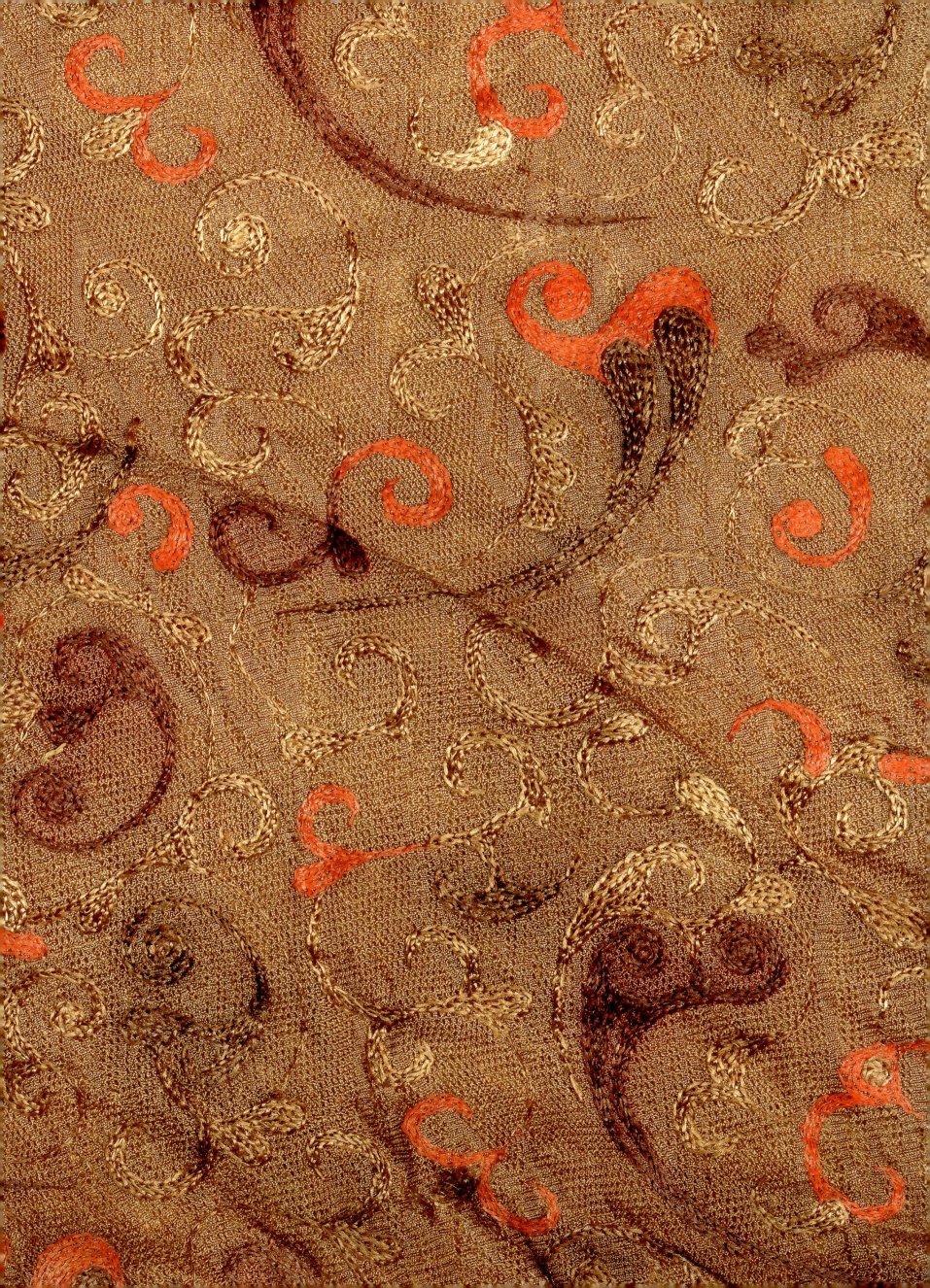

（2）褐色菱形纹罗地"信期绣"丝绵袍

西汉早期（前206—约前163）

衣长150厘米，两袖通长240厘米，腰宽57厘米

1972年湖南长沙马王堆一号墓出土

罗、罗地刺绣、绢

院藏编号：6289　分类号：357-2

(2) Silk-floss Padded Robe with Embroidery of Stylized Swallowtails

Early Western Han Dynasty (206 BCE–c. 163 BCE)

Length 150 cm, cuff to cuff distance 240 cm, waist width 57 cm

Unearthed from Han Tomb No.1 at Mawangdui, Changsha, Hunan, in 1972

Luo gauze, embroidery, tabby

Collection Number: 6289　Sub-number: 357-2

78
黑色菱形纹罗地"信期绣"丝绵袍残片
Silk-floss Padded Robe Fragment with Embroidery of Stylized Swallowtails

西汉早期（前 206—约前 163）

长 28 厘米，宽 8 厘米

1972 年湖南长沙马王堆一号墓出土

罗、罗地刺绣、绢

院藏编号：6493 分类号：内 14-12

Early Western Han Dynasty (206 BCE–c. 163 BCE)

Length 28 cm, width 8 cm

Unearthed from Han Tomb No.1 at Mawangdui, Changsha, Hunan, in 1972

Luo gauze, embroidery, tabby

Collection Number: 6493 Sub-number: inner coffin 14-12

79

香囊（2件）
Fragrance Sachets

（1）黄褐色菱形纹罗地"信期绣"香囊

西汉早期（前206—约前163）

通长48厘米，底径13厘米

1972年湖南长沙马王堆一号墓出土

罗、罗地刺绣、绢、经锦

院藏编号：6315　分类号：65-2

(1) Fragrance Sachet with Embroidery of Stylized Swallowtails

Early Western Han Dynasty (206 BCE–c. 163 BCE)

Length 48 cm, base diameter 13 cm

Unearthed from Han Tomb No.1 at Mawangdui, Changsha, Hunan, in 1972

Luo gauze, embroidery, tabby, *jin*-silk

Collection Number: 6315　Sub-number: 65-2

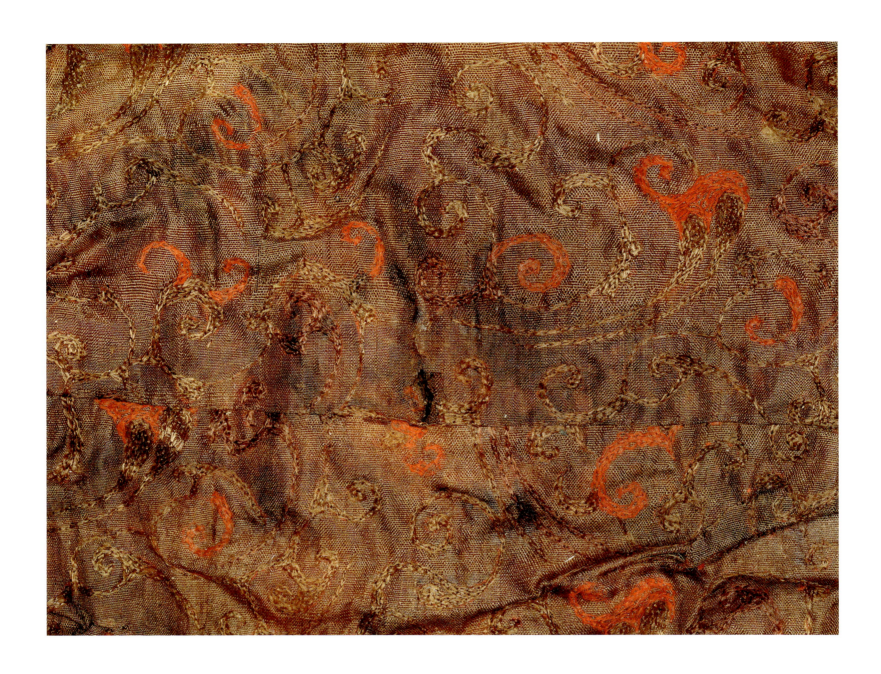

（2）绢地"信期绣"香囊

西汉早期（前206—约前163）

通长32.5厘米，口径10.5厘米，囊长12厘米

1972年湖南长沙马王堆一号墓出土

绢、绢地刺绣、罗、经锦

院藏编号：6313　分类号：442

(2) Fragrance Sachet with Embroidery of Stylized Swallowtails

Early Western Han Dynasty (206 BCE–c. 163 BCE)

Overall length 32.5 cm, top diameter 10.5 cm, Sachet length 12 cm

Unearthed from Han Tomb No.1 at Mawangdui, Changsha, Hunan, in 1972

Tabby, embroidery, *luo* gauze, *jin*-silk

Collection Number: 6313　Sub-number: 442

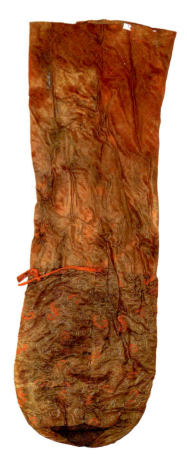

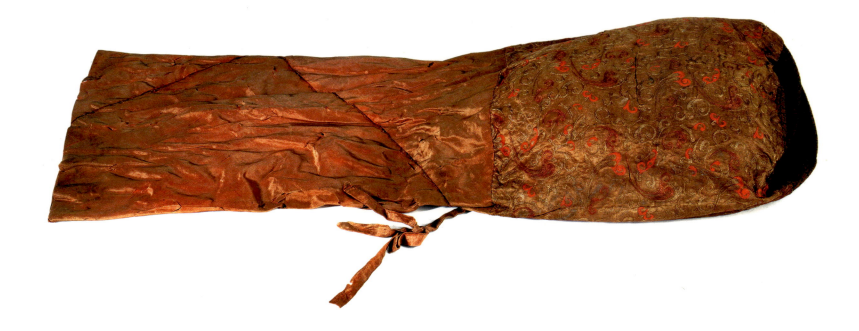

80

黄褐色对鸟菱形纹绮地"信期绣"香囊
Fragrance Sachet with Embroidery of Stylized Swallowtails

西汉早期（前206—约前163）

通长50厘米，底径14厘米

1972年湖南长沙马王堆一号墓出土

绮、绮地刺绣、绢、经锦

院藏编号：6314　分类号：65-1

Early Western Han Dynasty (206 BCE–c. 163 BCE)

Length 50 cm, base diameter 14 cm

Unearthed from Han Tomb No.1 at Mawangdui, Changsha, Hunan, in 1972

Damask on tabby, embroidery, tabby, *jin*-silk

Collection Number: 6314　Sub-number: 65-1

81

"信期绣"聂币（2件）

Silk Scraps with Embroidery of Stylized Swallowtails (2 pieces)

（1）纱地"信期绣"聂币

西汉早期（前206—约前163）

长4.5—6.6厘米，宽4.3—4.6厘米

1972年湖南长沙马王堆一号墓出土

纱、纱地刺绣

院藏编号：7224　分类号：337-2⑦

(1) Silk Scraps with Embroidery of Stylized Swallowtails

Early Western Han Dynasty (206 BCE–c. 163 BCE)

Length 4.5–6.6 cm, width 4.3–4.6 cm

Unearthed from Han Tomb No.1 at Mawangdui, Changsha, Hunan, in 1972

Simple gauze, embroidery

Collection Number: 7224　Sub-number: 337-2⑦

（2）罗地"信期绣"聂币

西汉早期（前206—约前163）

长3.2—9.6厘米，宽4厘米

1972年湖南长沙马王堆一号墓出土

罗、罗地刺绣

院藏编号：7225 分类号：337-2⑧

(2) Silk Scraps with Embroidery of Stylized Swallowtails

Early Western Han Dynasty (206 BCE–c. 163 BCE)

Length 3.2-9.6 cm, width 4 cm

Unearthed from Han Tomb No.1 at Mawangdui, Changsha, Hunan, in 1972

Luo gauze, embroidery,

Collection Number: 7225 Sub-number: 337-2⑧

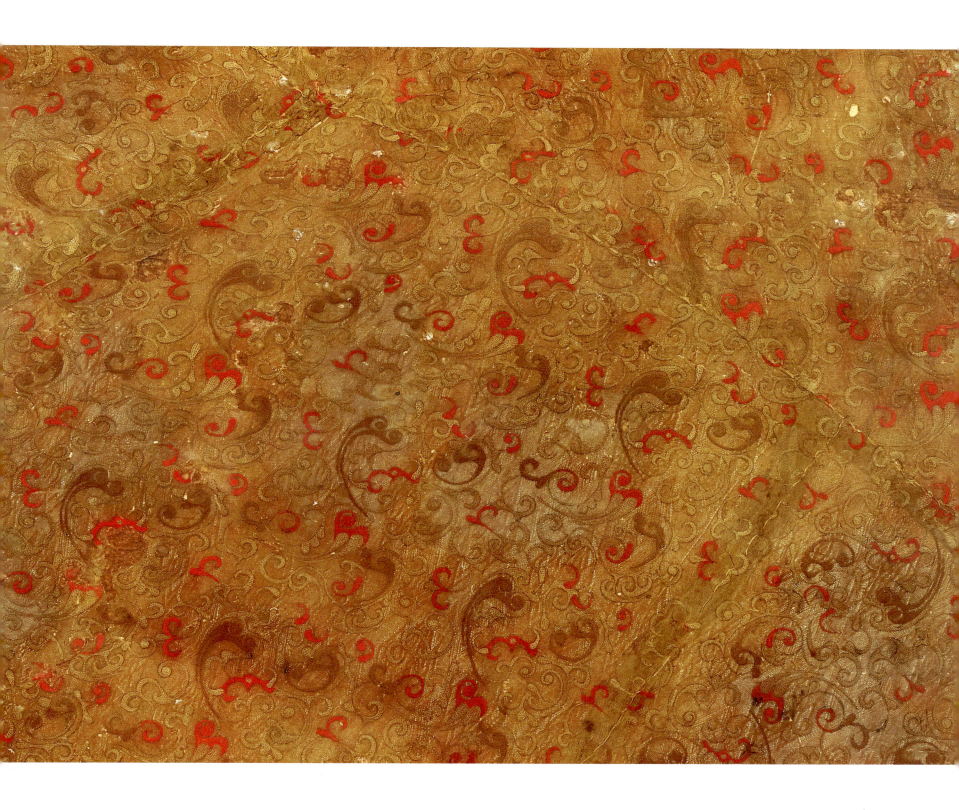

82
赭黄色菱形纹罗地"信期绣"衣服残片（3件）
Cloth Fragments with Embroidery of Stylized Swallowtails (3 pieces)

（1）赭黄色菱形纹罗地"信期绣"丝绵袍残片

西汉早期（前206—约前163）

长74厘米，宽50厘米

1972年湖南长沙马王堆一号墓出土

罗、罗地刺绣、绢

院藏编号：6392　分类号：内7-3

(1) Silk-floss Padded Robe Fragment with Embroidery of Stylized Swallowtails

Early Western Han Dynasty (206 BCE–c. 163 BCE)

Length 74 cm, width 50 cm

Unearthed from Han Tomb No.1 at Mawangdui, Changsha, Hunan, in 1972

Luo gauze, embroidery, tabby

Collection Number: 6392　Sub-number: inner coffin 7-3

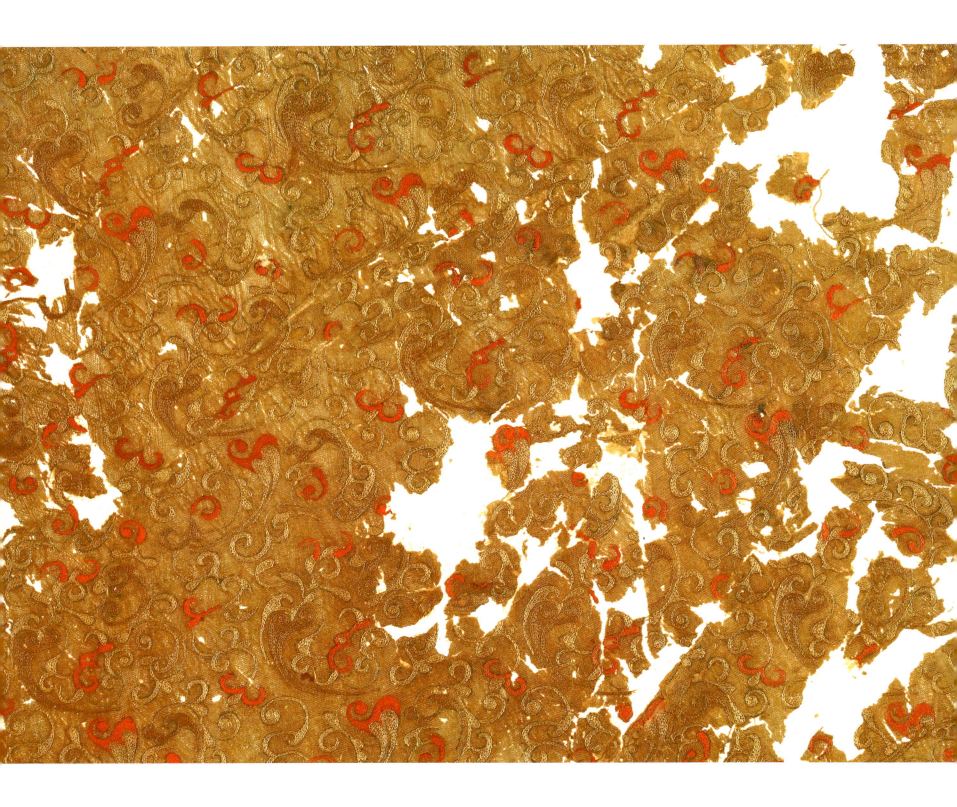

（2）赭黄色菱形纹罗地"信期绣"丝绵袍残片

西汉早期（前206—约前163）

长48厘米，宽42厘米

1972年湖南长沙马王堆一号墓出土

罗、罗地刺绣、绢

院藏编号：6391　分类号：内7-2

(2) **Silk-floss Padded Robe Fragment with Embroidery of Stylized Swallowtails**

Early Western Han Dynasty (206 BCE–c. 163 BCE)

Length 48 cm, width 42 cm

Unearthed from Han Tomb No.1 at Mawangdui, Changsha, Hunan, in 1972

Luo gauze, embroidery, tabby

Collection Number: 6391　Sub-number: inner coffin 7-2

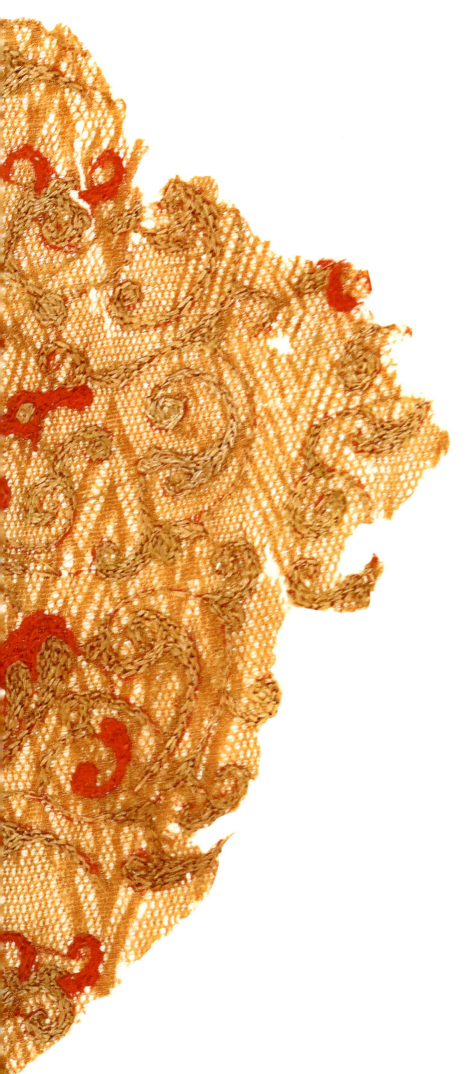

（3）赭黄色菱形纹罗地"信期绣"夹衣残片

西汉早期（前206—约前163）
长27厘米，宽18厘米
1972年湖南长沙马王堆一号墓出土
罗、罗地刺绣、绢
院藏编号：6437　分类号：内9-3

(3) Cloth Fragment with Embroidery of Stylized Swallowtails

Early Western Han Dynasty (206 BCE–c. 163 BCE)
Length 27 cm, width 18 cm
Unearthed from Han Tomb No.1 at Mawangdui, Changsha, Hunan, in 1972
Luo gauze, embroidery, tabby
Collection Number: 6437　Sub-number: inner coffin 9-3

83
赭黄色菱形纹罗地"信期绣"衣服残片（3件）
Cloth Fragments with Embroidery of Stylized Swallowtails (3 pieces)

（1）赭黄色菱形纹罗地"信期绣"丝绵袍残片

西汉早期（前206—约前163）

长33厘米，宽24厘米

1972年湖南长沙马王堆一号墓出土

罗、罗地刺绣、绢

院藏编号：6361　分类号：内10叠内7

(1) Silk-floss Padded Robe Fragment with Embroidery of Stylized Swallowtails

Early Western Han Dynasty (206 BCE–c. 163 BCE)

Length 33 cm, width 24 cm

Unearthed from Han Tomb No.1 at Mawangdui, Changsha, Hunan, in 1972

Luo gauze, embroidery, tabby

Collection Number: 6361   Sub-number: inner coffin layer 10th folding layer 7th

（2）赭黄色菱形纹罗地"信期绣"丝绵袍残片

西汉早期（前206—约前163）

长33厘米，宽31厘米

1972年湖南长沙马王堆一号墓出土

罗、罗地刺绣、绢、绦

院藏编号：6362　分类号：内11叠内7

(2) Silk-floss Padded Robe Fragment with Embroidery of Stylized Swallowtails

Early Western Han Dynasty (206 BCE–c. 163 BCE)

Length 33 cm, width 31 cm

Unearthed from Han Tomb No.1 at Mawangdui, Changsha, Hunan, in 1972

Luo gauze, embroidery, tabby, braided bands

Collection Number: 6362　Sub-number: inner coffin layer 11th folding layer 7th

（3）赭黄色菱形纹罗地"信期绣"夹衣残片

西汉早期（前206—约前163）

长33厘米，宽31厘米

1972年湖南长沙马王堆一号墓出土

罗、罗地刺绣、绢

院藏编号：6363 分类号：内12叠内9

(3) Cloth Fragment with Embroidery of Stylized Swallowtails

Early Western Han Dynasty (206 BCE–c. 163 BCE)

Length 33 cm, width 31 cm

Unearthed from Han Tomb No.1 at Mawangdui, Changsha, Hunan, in 1972

Luo gauze, embroidery, tabby

Collection Number: 6363 Sub-number: inner coffin layer 12th folding layer 9th

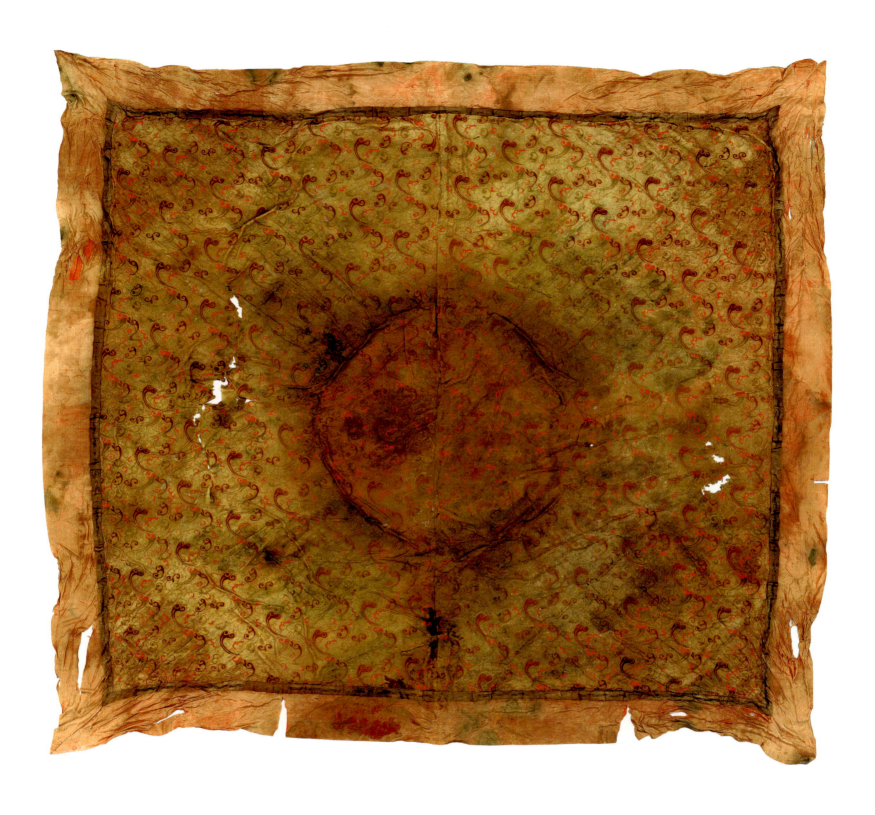

84

绢地"信期绣"夹袱

Lined Wrapper with Embroidery of Stylized Swallowtails

西汉早期（前206—约前163）

长104厘米，宽93厘米

1972年湖南长沙马王堆一号墓出土

绢、绢地刺绣、绦

院藏编号：6310　分类号：443-1

Early Western Han Dynasty (206 BCE–c. 163 BCE)

Length 104 cm, width 93 cm

Unearthed from Han Tomb No.1 at Mawangdui, Changsha, Hunan, in 1972

Tabby, embroidery, braided bands

Collection Number: 6310　Sub-number: 443-1

85

黄褐色绢地"信期绣"单衣残片

Cloth Fragment with Embroidery of Stylized Swallowtails

西汉早期（前206—约前163）

长21厘米，宽16.5厘米

1972年湖南长沙马王堆一号墓出土

绢、绢地刺绣

院藏编号：6448　分类号：内20-2

Early Western Han Dynasty (206 BCE–c. 163 BCE)

Length 21 cm, width 16.5 cm

Unearthed from Han Tomb No.1 at Mawangdui, Changsha, Hunan, in 1972

Tabby, embroidery

Collection Number: 6448　Sub-number: inner coffin 20-2

86
黄褐色绢地"信期绣"单衣残片
Cloth Fragment with Embroidery of Stylized Swallowtails

西汉早期（前206—约前163）
长50厘米，宽34厘米
1972年湖南长沙马王堆一号墓出土
绢、绢地刺绣
院藏编号：6415　分类号：内11-2

Early Western Han Dynasty (206 BCE–c. 163 BCE)
Length 50 cm, width 34 cm
Unearthed from Han Tomb No.1 at Mawangdui, Changsha, Hunan, in 1972
Tabby, embroidery
Collection Number: 6415　Sub-number: inner coffin 11-2

87

褐色绢地"信期绣"残片

Fragment with Embroidery of Stylized Swallowtails

西汉早期（前206—前168）

长98厘米，宽28.5厘米

1973年湖南长沙马王堆三号墓出土

绢、绢地刺绣

院藏编号：6610　分类号：南180④

Early Western Han Dynasty (206 BCE–168 BCE)

Length 98 cm, width 28.5 cm

Unearthed from Han Tomb No.3 at Mawangdui, Changsha, Hunan, in 1973

Tabby, embroidery

Collection Number: 6610　Sub-number: south 180④

88

绛紫色绢地蚕纹绣

Cloth Fabric with Embroidered Silk Worms

西汉早期（前206—约前163）
长61厘米，幅宽45厘米
1972年湖南长沙马王堆一号墓出土
绢、绢地刺绣
院藏编号：6230　分类号：340-3

Early Western Han Dynasty (206 BCE–c. 163 BCE)
Length 61 cm, width 45 cm
Unearthed from Han Tomb No.1 at Mawangdui,
Changsha, Hunan, in 1972
Tabby, embroidery
Collection Number: 6230　Sub-number: 340-3

89
绛紫色绢地蚕纹绣
Cloth Fabric with Embroidered Silk Worms

西汉早期（前206—约前163）
长54厘米，幅宽43厘米
1972年湖南长沙马王堆一号墓出土
绢、绢地刺绣
院藏编号：6232　分类号：340-5

Early Western Han Dynasty (206 BCE–c. 163 BCE)
Length 54 cm, width 43 cm
Unearthed from Han Tomb No.1 at Mawangdui,
Changsha, Hunan, in 1972
Tabby, embroidery
Collection Number: 6232　Sub-number: 340-5

90
绛紫色绢地蚕纹绣
Cloth Fabric with Embroidered Silk Worms

西汉早期（前206—约前163）
长78厘米，幅宽45厘米
1972年湖南长沙马王堆一号墓出土
绢、绢地刺绣
院藏编号：6231　分类号：354-6

Early Western Han Dynasty (206 BCE–c. 163 BCE)
Length 78 cm, width 45 cm
Unearthed from Han Tomb No.1 at Mawangdui,
Changsha, Hunan, in 1972
Tabby, embroidery
Collection Number: 6231　Sub-number: 354-6

91
赭黄色绢地茱萸纹绣单衣残片（2件）
Fragments of Unlined Silk Gown with Embroidered Dogwoods
(2 pieces)

（1）赭黄色绢地茱萸纹绣单衣残片

西汉早期（前206—约前163）
长35厘米，宽34厘米
1972年湖南长沙马王堆一号墓出土
绢、绢地刺绣
院藏编号：6401　分类号：内10-1

(1) Fragment of Unlined Silk Gown with Embroidered Dogwoods

Early Western Han Dynasty (206 BCE–c. 163 BCE)
Length 35 cm, width 34 cm
Unearthed from Han Tomb No.1 at Mawangdui, Changsha, Hunan, in 1972
Tabby, embroidery
Collection Number: 6401　Sub-number: inner coffin 10-1

（2）赭黄色绢地茱萸纹绣单衣残片

西汉早期（前206—约前163）

长26厘米，宽20厘米

1972年湖南长沙马王堆一号墓出土

绢、绢地刺绣

院藏编号：6410　分类号：内10-10

(2) Fragment of Unlined Silk Gown with Embroidered Dogwoods

Early Western Han Dynasty (206 BCE–c. 163 BCE)

Length 26 cm, width 20 cm

Unearthed from Han Tomb No.1 at Mawangdui, Changsha, Hunan, in 1972

Tabby, embroidery

Collection Number: 6410　Sub-number: inner coffin 10-10

92
黄色绢地方棋纹绣单衣残片（2件）
Fragments of Unlined Silk Gown with Embroidered Checkers (2 pieces)

（1）黄色绢地方棋纹绣单衣残片

西汉早期（前206—约前163）

长49厘米，宽38厘米

1972年湖南长沙马王堆一号墓出土

绢、绢地刺绣

院藏编号：6416　分类号：内12-1

(1) Fragment of Unlined Silk Gown with Embroidered Checkers

Early Western Han Dynasty (206 BCE–c. 163 BCE)

Length 49 cm, width 38 cm

Unearthed from Han Tomb No.1 at Mawangdui, Changsha, Hunan, in 1972

Tabby, embroidery

Collection Number: 6416　Sub-number: inner coffin 12-1

（2）黄色绢地方棋纹绣单衣残片

西汉早期（前206—约前163）

长21厘米，宽8.2厘米

1972年湖南长沙马王堆一号墓出土

绢、绢地刺绣

院藏编号：7217　分类号：内12-2

(2) Fragment of Unlined Silk Gown with Embroidered Checkers

Early Western Han Dynasty (206 BCE–c. 163 BCE)

Length 21 cm, width 8.2 cm

Unearthed from Han Tomb No.1 at Mawangdui, Changsha, Hunan, in 1972

Tabby, embroidery

Collection Number: 7217　Sub-number: inner coffin 12-2

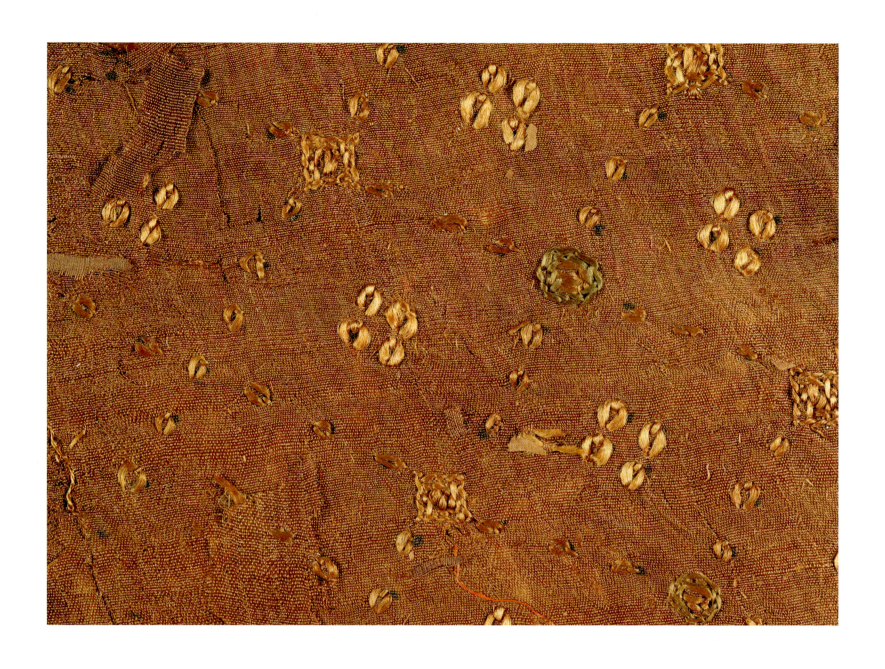

93
黄色绢地方棋纹绣单衣残片
Cloth Fragment with Embroidered Checkers

西汉早期（前206—约前163）
长27厘米，宽23厘米
1972年湖南长沙马王堆一号墓出土
绢、绢地刺绣
院藏编号：6498　分类号：内18-3

Early Western Han Dynasty (206 BCE–c. 163 BCE)
Length 27 cm, width 23 cm
Unearthed from Han Tomb No.1 at Mawangdui,
Changsha, Hunan, in 1972
Tabby, embroidery
Collection Number: 6498   Sub-number: inner coffin 18-3

94

褐色绢地方棋纹绣衣料残片
Cloth Fragment with Embroidered Checkers

西汉早期（前206—前168）
长30.5厘米，宽23.5厘米
1973年湖南长沙马王堆三号墓出土
绢、绢地刺绣
院藏编号：6681 分类号：东112④

Early Western Han Dynasty (206 BCE–168 BCE)
Length 30.5 cm, width 23.5 cm
Unearthed from Han Tomb No.3 at Mawangdui,
Changsha, Hunan, in 1973
Tabby, embroidery
Collection Number: 6681 Sub-number: east 112④

95
绢地树纹铺绒绣残片
Fragment with Tree Pattern

西汉早期（前206—约前163）
长100厘米，宽24.7厘米
1972年湖南长沙马王堆一号墓出土
绢、绢地刺绣
院藏编号：6330　分类号：459-2

Early Western Han Dynasty (206 BCE–c. 163 BCE)
Length 100 cm, width 24.7 cm
Unearthed from Han Tomb No.1 at Mawangdui,
Changsha, Hunan, in 1972
Tabby, embroidery
Collection Number: 6330　Sub-number: 459-2

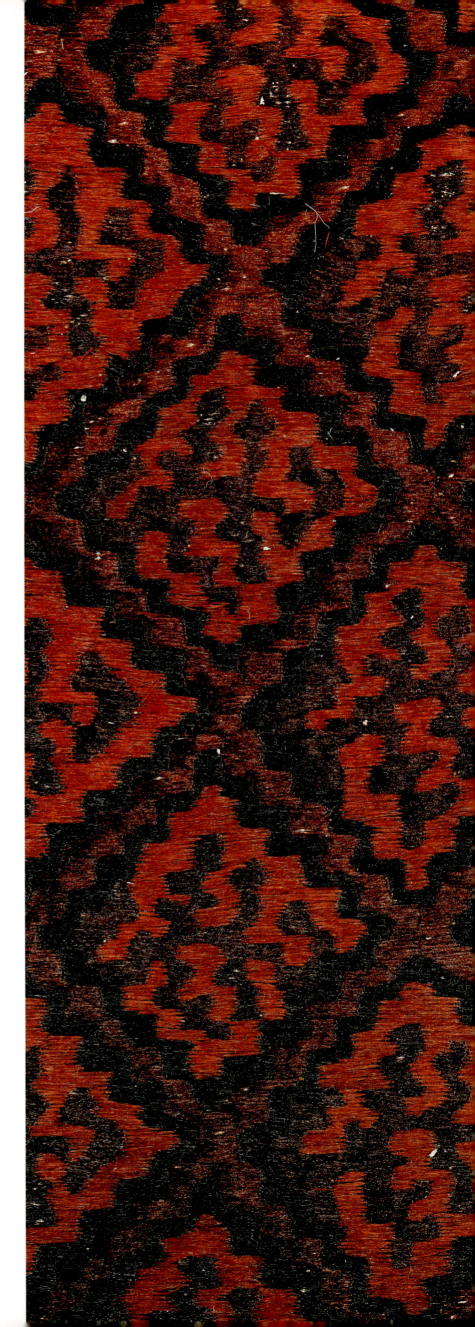

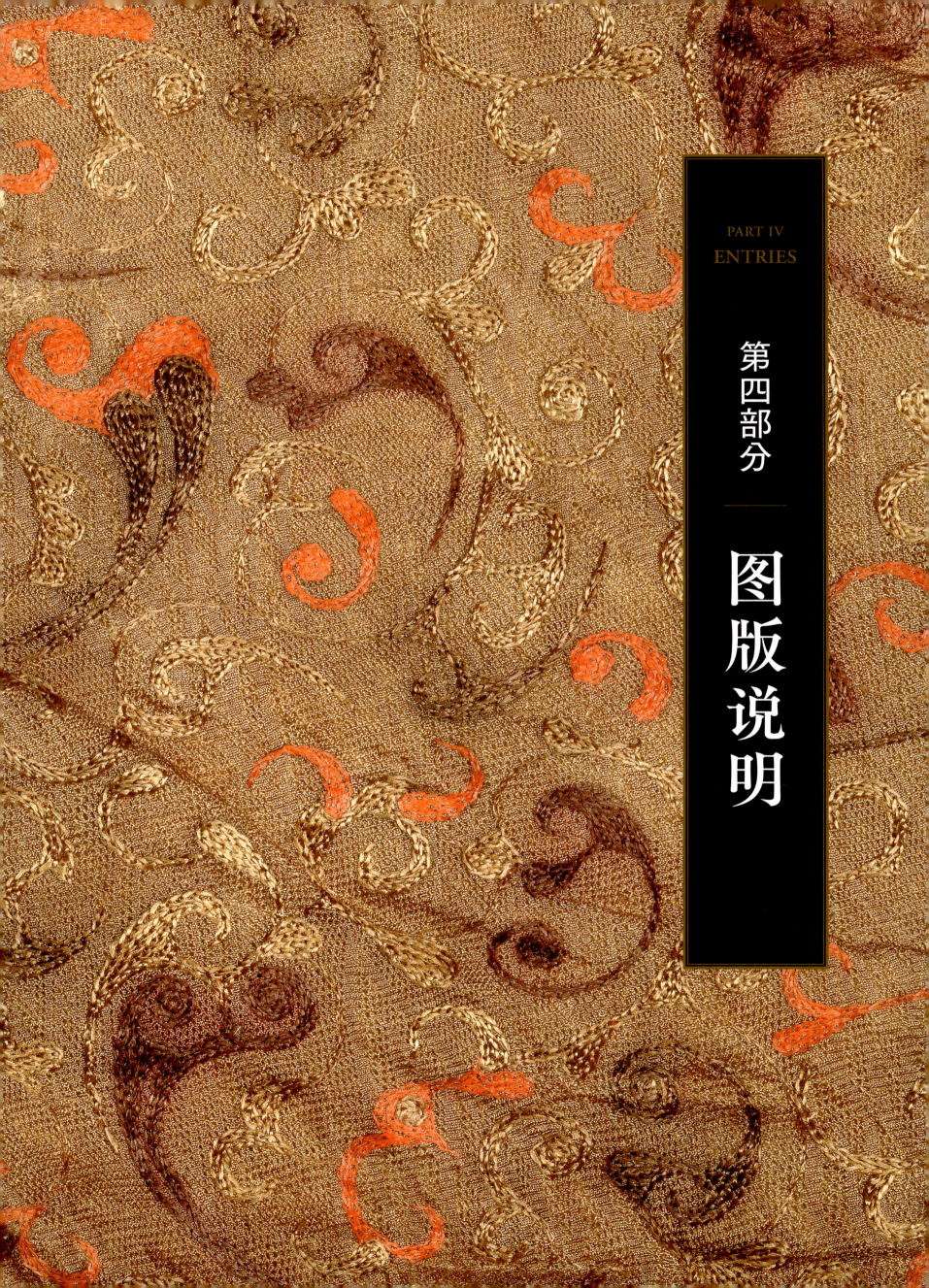

第一章

绢、纱

15

绢裙（2件）

（1）绛紫色绢单裙（329-1）

（2）银褐色绢单裙（329-2）

329-1　　　　　329-2

这2件绢单裙出土于马王堆一号墓椁室西边厢329号"衣笥"竹笥内，形制相同，均用4片绢缝制而成。单裙就是没有衬里的裙子。4片绢均为上窄下宽，居中的2片稍窄，两侧的2片稍宽。上部另加裙腰，两端延长成为裙带，以便系结。2件单裙的裙长均为87厘米。其中329-1绛紫色绢单裙的各部位尺寸具体为腰宽145厘米，下摆宽193厘米，接腰宽3厘米，裙带宽2—2.8厘米，左带长45厘米，右带长42厘米，裙身部位绢的经纬密度为每平方厘米68根×50根；329-2银褐色绢单裙，左侧的裙带用银褐色纱，是另配的。其各部位尺寸具体为腰宽143厘米，下摆宽158厘米，接腰宽2厘米，裙带宽1.2—1.5厘米，左带长40厘米，右带长33厘米，裙身部位绢的经纬密度为每平方厘米84根×30根，裙腰部位绢的经纬密度为每平方厘米58根×29根。缝纫方法为裙子下摆为平针缝边，针脚长0.3厘米，针距0.4厘米，而四片绢背面均用平针缝合而成，针距1厘米。

从史料记载来看，裙是秦汉妇女常穿的下衣。《中华古今注》有"始皇元年，宫人令服五色花罗裙"[1]的记载，汉代以后妇人穿裙开始流行起来，并形成一种风俗。《古诗为焦仲卿妻作》："着我绣夹裙，事事四五通"[2]等，就是有关妇女穿裙的写照。上衣下裳是我国古代服装长期搭配形式。"裳"因此就成了裤、裙之类衣服的总称。裙在马王堆汉墓中有实物与形象资料出土，而裤仅有图像与文字资料反映，未曾见有实物。这2件单裙都未用任何纹饰，也没有缘边，属于"无缘裙"。结合辛追夫人的特殊身份可以推断，这两条无缘、无纹饰、无褶裥的素裙，很有可能不是生前所穿。

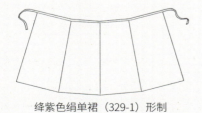

绛紫色绢单裙（329-1）形制

1　马缟.中华古今注[M].北京：中华书局，1985：20.

2　左克明.古乐府[M].韩宁，徐文武，点校.北京：中华书局，2006：359.

16

褐色绢袍缘

出土于马王堆一号墓西边厢第一层329号"衣笥"竹笥内，为曲裾袍所用。袍缘上有污渍及晕染，多处有开口，一端并缀加缝衣线一团。绢的经纬密度为每平方厘米138根×70根。

曲裾袍袍缘一般为斜裁。《晏子春秋·谏下十四》在谈到"衣服节俭"时说："衣不务于隅肶之削。"[3]《淮南子·本经训》上有"衣无隅差之削。"高诱注："隅，角也。差，邪也。古者质，皆全幅为衣裳，无有邪角，邪角，削，杀也。"[4]可见不用全幅而有邪角的斜裁衣裳，当时被认为是一种奢侈的行为。

17

白绢曲裾单衣

出土于马王堆一号墓椁室西边厢329号"衣笥"竹笥内。曲裾，交领，右衽。袖口宽25厘米，下摆宽75厘米，领缘宽20厘米，袖缘宽32厘米。其形制和裁缝方法与曲裾绵袍大体相同，面为单层，缘为夹层，但外襟下侧和底边的缘内絮有薄薄一层宽4.5厘米左右的丝绵，以便使这件单衣的下摆显得较为挺直。此件单衣整体保存较为完整，衣面局部残破。

马王堆三号墓遣册记载有"帛禅衣一""白绪禅衣一""霜绪禅衣一缋掾（缘）""青绪禅衣一""阑禅衣一""绪禅衣二""绀绪禅衣一""鳌锡禅衣一""白锡禅衣一""毋尊禅衣一""鲜支禅衣一縠掾（缘）"等15件单衣。这15件单衣的形制因无实物不得而知，但从中可知，当时男士也穿单衣。单衣应属于一种便服，比较宽松，穿着起来感觉舒适，所以在日常生活中非正式场合下，男女均可穿着，只是在上朝、入宫等正式场合不可以外穿，只能作为衬衣穿在袍服里面，否则会被认为是无礼之举。

3　晏子春秋[M].唐子恒，点校.南京：凤凰出版社，2017：30.

4　刘安，等.淮南子[M].高诱，注.上海：上海古籍出版社，1989：83.

18
绢袜（2双）

（1）褐色绢夹袜（329-3①②）

（2）绛紫色绢袜（329-4①②）

329-3①②　　　　329-4①②

　　这2双绢袜出土于马王堆一号墓椁室西边厢329号"衣笥"竹笥内，笥内衣物有衣袍9件、裙2件、袜2双、袍缘1件。这2双绢袜均为夹袜，形制相同，齐头，鞨（袜筒）后开口，开口处附袜带，因袭了皮袜的做法。整体都用绢缝制而成，缝在脚面和后侧，袜底无缝，穿着时会比较平整舒适。其缝纫方式为系带处用平针缝合，针距0.4厘米，针脚长0.1厘米；其余接缝处均用平针，针距0.4厘米。袜面用绢较细，袜里用绢稀疏。袜面绢的经纬密度分别为每平方厘米94根×52根和每平方厘米82根×36根两种；袜里绢的经纬密度分别为每平方厘米54根×28根和每平方厘米76根×32根两种。绛紫色绢袜的袜带是素纱。

　　袜在古代通常作足衣解，如《释名·释衣服》称："襪（袜），末也，在脚末也。"[1]早在先秦时期古人就已经开始穿袜子，而且"袜"字在古代写法很多，根据质地、时代不同而名称各异，有鞨、靺、韤、韈、袜等字。许慎在《说文解字》中解释说："韤（袜），足衣也。从韦，蔑声。"[2]

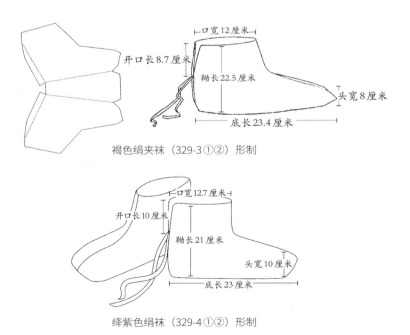

口宽12厘米

开口长8.7厘米

鞨长22.5厘米

头宽8厘米

底长23.4厘米

褐色绢夹袜（329-3①②）形制

口宽12.7厘米

开口长10厘米

鞨长21厘米

头宽10厘米

底长23厘米

绛紫色绢袜（329-4①②）形制

1　刘熙.释名[M].北京：中华书局，1985：82.

2　许慎.说文解字[M].北京：中华书局，1963：113.

 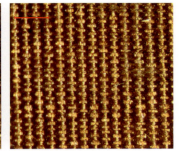

褐色绢夹袜（329-3①②）　　　绛紫色绢袜（329-4①②）
局部立体显微镜照　　　　　　局部立体显微镜照

19
淡黄色组带

　　出土于马王堆一号墓北边厢绢地"信期绣"夹袱包裹的双层九子漆妆奁内的上层，为编织物。现呈淡黄色，是用左右两组经线交叉编织的带状双层织物。两端有穗。一端为套状穗，是组头的套扣，长2厘米；一端为散穗，长3.3厘米。简275提到"红组带一"，应即指此。只是由于受到外界环境的干扰，其颜色由红色变成淡黄色。当时丝绵袍等上衣下裳相连的服装均需要腰带，以带钩相扣或打结，这种腰带时称"大带"。此带应为墓主人生前系结绵袍类长衣的大带。

20
镜擦

　　此件丝绸镜擦出土于马王堆一号墓单层五子漆妆奁内，呈截锥形，用锦、绢和刺绣料缝制而成，从上至下间隔开，依次是几何纹锦、红色绢、刺绣料、几何纹锦，缝制痕迹明显，内絮丝绵。简243提到"所以除镜一"，应即指此。秦汉时期已经有了专门用来擦拭镜面的镜擦，可使镜面保持长久光亮。

镜擦形制

21

针衣（2件）

针衣（443-12①）

针衣（443-12②）

出土于马王堆一号墓北边厢双层九子漆妆奁内的长方形小漆奁中。2件针衣中部皆用细竹条编成帘状，两面蒙以丝织物，四周再加绢缘。其中443-12①针衣为赤缘，简265提到"缊绮鍼（针）衣一赤掾（缘）"，应即指此。443-12②针衣为褐色素缘，素缘内分别包有一薄竹片，针衣使用时可展开。一侧素缘外缝有朱红色菱形纹罗，展开时缝有丝带，可将折叠后的针衣系起来，现已断裂。2件针衣的中部都拦腰缀一丝带，其上隐约可见针眼痕迹，当为插针之用。

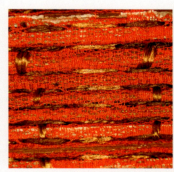

针衣（443-12②）局部与立体显微镜照

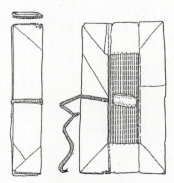

针衣（443-12②）形制

22

黄色缣囊

出土于马王堆一号墓西边厢341号竹笥内，内盛豆类。用黄绢缝制，袋状。保存较为完整，幅面有残破和污迹。囊为有底的袋子，应是遣册简161"黄卷一石缣囊一笥合"所指。

汉代的平纹丝织物，一般称为缟、素，也就是绢，其细密者则称为缣，缣为双经双纬交织的平纹织物。《说文解字·系部》："缣，并丝缯也。"[1]《释名·释采帛》："缣，兼也，其丝细致，数兼于绢也。"[2]《急就篇》颜师古注："缣之言兼也，并丝而织，甚致密也。"[3]但其疏密程度究竟如何，现已无法确知。马王堆一号墓所出遣册简提到缣的有简113、117、118、133、161和294，其中能够确指的实物仅有简294所说的白绢土珠袋，并不是细密的织物。所以，很难具体区分出缣。在平纹织物中，除将经纬线稀疏可看出明显方孔者称为纱外，其他平素的平纹织物，一概统称为绢。

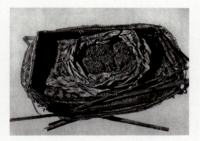

黄色缣囊出土情景

23

盛土珠的绢囊

出土于马王堆一号墓西边厢327号"珠几（玑）笥"竹笥中，内盛白膏泥制成的土珠（泥珍珠）的袋子，整体呈袋状，颜色为

1　许慎. 说文解字 [M]. 北京：中华书局，1963：273.
2　刘熙. 释名 [M]. 北京：中华书局，1985：69.
3　史游. 急就篇 [M]. 颜师古, 注. 王应麟, 补注. 钱保塘, 补音. 商务印书馆，1936：122.

黄棕色，由绢缝制而成，其经纬密度为每平方厘米68根×22根。绢面部分残破，有深色污迹。该竹笥上系有木牌为"珠几（玑）笥"，对应的遣册为简294"土珠玑一缣囊"。

绢囊出土情景

褐色绢药袋（355-4）局部立体显微镜照

24

褐色绢药袋（6件）

（1）褐色绢药袋（355-1）

（2）褐色绢药袋（355-2）

（3）褐色绢药袋（355-3）

（4）褐色绢药袋（355-4）

（5）褐色绢药袋（355-5）

（6）褐色绢药袋（355-6）

| (2) | | (5) | (1) | (6) |
| | (4) | | (3) | |

出土于马王堆一号墓西边厢第三层355号竹笥中，共6件。355-1—6经纬密度分别为每平方厘米74根×24根、70根×26根、62根×36根、56根×26根、58根×38根、56根×26根。6件均为药草袋，形制相同，作圆筒状，用单层褐色素绢缝制而成，腰缀绢带。出土时，355-1号袋内盛有伞形科植物的根、花椒、桂皮、茅香、高良姜、高良姜的根、辛夷、杜衡、干姜；355-2号袋内盛有伞形科植物、花椒、桂皮、茅香、高良姜、干姜、酸枣核、辛夷、杜衡；355-3号袋内盛有伞形科植物、花椒、桂皮、茅香、高良姜、藁本；355-4号袋内盛有伞形科植物、藁本、花椒、桂皮、茅香、高良姜、干姜；355-5号袋内盛有伞形科植物、花椒、桂皮、茅香、高良姜、干姜、藁本；355-6号袋内盛有花椒和伞形科植物。

25

褐色、黄色几何纹组带

出土于马王堆一号墓内棺中，共有9条褐色、黄色几何纹组带捆扎用丝麻衣衾包裹的辛追遗体，长度在150—180厘米，织成筒状，压平后宽13厘米左右（筒围26厘米左右）。用褐色和黄色的丝质经线编织而成，织纹周正，为几何纹样，和一号墓九子漆妆奁内盛放的443-5淡黄色组带属于同一类工艺。

绞衾是先秦的传统葬制。绞就是为捆扎衣衾包裹的带子，用它来将死者所穿的衣服捆紧。《礼记》中明确记载绞衾葬制有小敛绞和大敛绞两种。横扎在辛追遗体外层的这种9道褐色、黄色几何纹组带属于大敛绞。遗体经层层包裹后，用9条组带等距离横向依次捆扎在裹尸织物的外面，组带捆扎的间距约15厘米。每条组带由背部至正面，两头互套复回约10—15厘米处打活结扣。

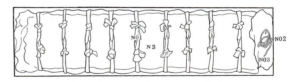

遗体用组带包扎线图

捆扎遗体的组带结扣线图

组带局部立体显微镜照

26

黄棕绢盖鼻

用素绢缝制，内絮丝绵，作束腰形，中腰处似有环圈，掩盖在辛追遗体面部鼻梁上，应为掩鼻饰物。马王堆一号墓辛追遗体的脸上共覆盖2件长方形丝织物，除此件盖鼻以外，还有1件酱色织锦，盖在前额及两眼之上。两件丝织物同属幎目，是覆盖死者面部的巾。《仪礼·士丧礼》记载："幎目，用缁，方尺二寸，赪里，著，组系。"郑玄注："幎目，覆面者也……赪，赤也。著，充之以絮也。组系，为可结也。"[1] 由此可知，幎目是裹头后用一块黑面红里、中间充以绵絮的方巾盖在死者的整个脸上，且方巾四角有带，可以系结。但随着时代以及地域的不同，幎目的形制和质料也有差异变化。

掩鼻饰物为汉代常见殓尸用器，多见玉鼻塞。汉代人认为，用各种形制的塞子塞住人体九窍，可使人精气保存，尸体不朽。用丝织物作掩鼻饰物，考古发掘罕见。

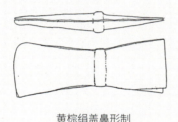

黄棕绢盖鼻形制

27

青丝履

马王堆汉墓共出土丝履5双，形制相同，都是双尖翘头方口履，4双出自一号墓，1双出自三号墓。此件为一号墓遗体穿着的青丝履，保存较完整。履面用平纹绢，纬线较粗，织纹有明显的方向性，现呈菜绿色。履底用麻线编织而成，平纹，现呈浅绛色。衬里为绛紫色绢。履帮为"人"字纹组织，垫平纹。宽大的后跟与窄小的前尖形成鲜明的对比，使造型既别致又精巧，视觉效果甚佳。一号墓另三双与此略同，但保存情况较差，已糟朽变

1   仪礼注疏[M]. 郑玄，注. 北京：北京大学出版社，1999：670.

形。随葬品清单遣册简259—261提到的"素履""丝履""青丝履"，应即指此。

三号墓出土的绢面麻底丝履（北165），底为麻线编织，浅绛紫色，平纹，孔眼稀疏。面为绢，卯角和部分鞋面为较厚的深褐色绢，其余部分为较薄的浅褐色绢；长27厘米，两翘尖长2.5厘米，最窄处宽6厘米，最宽处宽9厘米；鞋扣镶一圈绦带，脚面绦带宽2厘米，其余处绦带宽1.2厘米。履帮为"穴"字纹组织，鞋的前端昂起二尖角，别具特色，与一号墓中的一双丝履为同种式样。出土时质地十分脆弱糟朽。该墓遣册简391记"丝履二两"，应即指此。

在各类材质的鞋履中，丝履的使用最为普遍。在秦朝时期，以丝帛制成的鞋子属于高级奢侈品。秦代就限制一般平民穿丝履，《中华古今注》记载："至秦，以丝为之，令宫人侍从着之。庶人不可。"[2]《睡虎地秦墓竹简·法律答问》中有"毋敢履锦履"的禁令。到了汉代，随着丝织技术的提高和丝织品产量的增加，政策上也逐渐放松，以丝帛作履的现象十分普遍，不仅史籍中有大量记载，出土文物中也有物证。《汉书·贾谊传》云："今民卖僮者，为之绣衣丝履……"[3]马王堆汉墓出土的鞋履实物与陪葬奴仆木俑、帛画人物穿着丝履情况可印证当时丝履普及的情况。

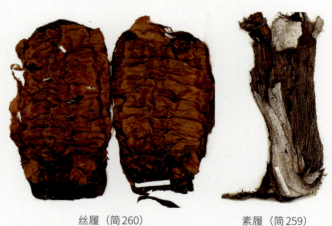

丝履（简260）   素履（简259）

青丝履（简261）   绢面麻底丝履（北165）

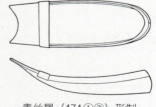

青丝履（474①②）形制

2   马缟. 中华古今注[M]. 北京：中华书局，1985：21.

3   班固. 汉书[M]. 北京：中华书局，2013：2242.

28

着绢衣歌俑

出土于马王堆一号墓北边厢紧靠东壁处。歌俑面部丰腴，呈椭圆形，敷白粉，墨眉朱唇。发式为盘髻，前额中分。无手，席地而坐，两腿屈膝向后，足紧贴臀部。俑身着黄褐色交领右衽绢袍，袍将下身完全包裹，衣饰保存基本完整。领缘内露出一圈菱形纹绮。黄褐色绢袍缘，广袖垂胡，袖缘亦为菱形纹绮。腰部有黄褐色宽绢带，双层，将上下两片衣料连在一起。该俑形象娟秀，刻绘精细，着装精致，是研究汉代服饰史的珍贵资料。

歌俑领缘菱形纹绮立体显微镜照

29

纱冠

出土于马王堆三号墓的长方形油彩漆妆奁（北162），是与漆缅纱冠（北162-1）一起出土的一些丝织物和相关物件之一。这些物件被编为3件，分别是：162-2，由小冠板和冠缨组成；162-3，一些长短不一黑漆画红彩的小木棍；162-4，纱冠，由冠板、带有铁丝的冠绢残片及冠缨组成，冠缨共4条，互不相连，

其中2条已残。这些物件与漆缅纱冠有何关系，不甚明了。但据墓中遣册简268"冠小大各一布冠筒五采（彩）画一合"记载，疑奁中所装应为大、小两个冠。"大冠"应指漆缅纱冠，而同出的这些丝织物、纱带、纱残片所裹铁丝、彩绘圆木棍等物应属"小冠"——纱冠的部件。

162-2冠残片，褐色纱料，残存实物形状，有一长宽各11厘米、经加工制作较为完整的双层绢块。其下端连结呈三角形的长37厘米、宽2厘米的双层纱系带，带下垂于25厘米处交叉打一方形结，结下带长12厘米。系带与冠部相连处两侧也各有一圆形结。其形状是冠缨，使用方式不明。

30

曲裾素纱单衣

此单衣出土于马王堆一号墓西边厢329号"衣笥"竹笥内。曲裾，右衽。主体质地为纱。曲裾即开襟从领曲斜绕至腋下，名之为"曲"。上衣部分正裁四片，宽各一幅；下裳部分斜裁三片，宽各一幅；袖缘和领缘为绢质，边缘较窄，底边无缘。腰宽48厘米，下摆宽49厘米，领缘宽7厘米，袖缘宽5厘米，重48克，经纬密度为每平方厘米62根×62根。此单衣保存较完整，纱面有淡褐色污染；卷口袖有银灰色污染痕迹，并有多处裂口。

31

印花敷彩绛红色纱丝绵袍

此件丝绵袍出土于马王堆一号墓西边厢329号"衣笥"竹笥内，形制为交领、右衽、胡袖、直裾。袖宽41厘米，袖口宽30厘米，下摆宽57厘米，领缘宽18厘米，袖缘宽29厘米，摆缘宽38厘米。缘的经纬密度为每平方厘米122根×56根，里的经纬密度为每平方厘米74根×40根，面的经纬密度为每平方厘米60根×46根。

此件衣服面料为纱，十分通透，袖与下摆均镶大幅的宽缘。其一大特点就是有一个宽大的续衽，即衣襟（"衽"）自腋下镶于下裾部位，直通与下摆平齐，好像是右衽的继续，故名"续衽"。这种续衽宽边直裾式深衣是西汉长沙地区流行的款式，但保持着以前的直裾形式，这在当时是为了与"曲裾"形式相适应。它可以将宽大的衣襟覆包于身后，再用腰带束紧，在冬天能起到保暖的效果。该衣穿着时，里衽掩入左侧腋下，外衽折到右侧身旁，底摆呈喇叭状。双手平放，大的袖胡呈弧形下垂，衣形显示出当今蝙蝠袖的外观。

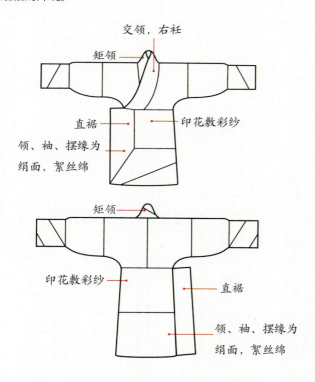

印花敷彩绛红色纱丝绵袍（329-14）形制

32

印花敷彩黄色纱丝绵袍

此件丝绵袍出土于马王堆一号墓西边厢329号"衣笥"竹笥内，形制为交领、右衽、直裾。衣面为印花敷彩黄纱，衣里、衣缘为素纱。袖宽39厘米，袖口宽25厘米，下摆宽66厘米，领缘宽20厘米，袖缘宽44厘米，摆缘宽37厘米。缘的经纬密度为每平方厘米128根×54根，里的经纬密度为每平方厘米52根×34根，纱面的经纬密度为每平方厘米62根×44根，领的经纬密度为每平方厘米60根×50根。

此绵袍由上衣和下裳两部分组成，里和面的分片完全一致。上衣部分正裁，共4片。其中身部2片，两袖各1片，宽均为1幅。4片拼合后，再将腋下缝起。领口挖成琵琶形，领缘用斜裁2片拼成。袖口宽25厘米，合汉制一尺一寸左右。袖筒较肥大，下垂呈胡状。袖缘的宽度与袖口略等，用半幅宽的白纱直条，按螺

旋方式斜卷成筒状，再由中间折为里面两层，因而袖口无缝。下裳部分的上半部印花敷彩纱面，正裁。后身和里外襟用1片，宽各1幅，长度与宽相仿。下半部和里外襟侧为较宽的白纱缘，斜裁，其中底缘的高度与上半部纱面的长度相仿。后身的底缘作等腰梯形，两底角均为85°，用3片拼成，中间1片宽为1幅，两侧各加一个边角。里外襟的底缘均作不等腰梯形，两底角分别为58°和72°，用2片拼成，宽各半幅。里外襟的侧缘亦作梯形，斜裁1片，宽1幅，其一端的斜角为32°，以与底缘的58°斜角端相拼，使之合成直角；另一端则为里、外襟上部的两衽角。穿着时，里襟掩入左侧腋下，外襟折到右侧身旁，底摆呈喇叭状。

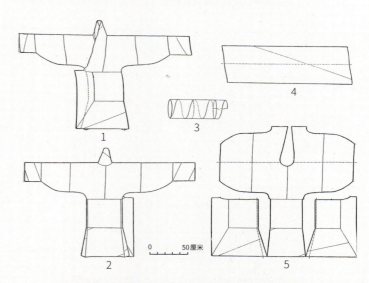

印花敷彩黄色纱丝绵袍（329-12）直裾式衣形制与裁缝方法示意
（1.前视；2.后视；3.袖缘；4.衣领；5.袍身分片）

印花敷彩黄色纱局部　　　　印花敷彩黄色纱纹样

33

金银色火焰纹印花纱

此件出土于马王堆一号墓西边厢340号"缯笥"竹笥内，经纬密度为每平方厘米60根×58根。在深灰色方孔纱上，满布着均匀纤细的银白色、暗绿金色线条，以及呈一定规律分布的褐黑色或朱红色点纹，构成印花图案。印花纹样的单元图案由三块凸纹版套印而成。在方孔纱的地组织上，印有作印花分版定位的分格纹、形似图案化的火焰形主面纹和叠山形的小圆点纹。

银白色分格纹呈"个"字形，迂回转曲的印纹线条较粗壮，起到定位作用；主面纹略呈火焰形，波形盘旋的印纹线条纤细而匀称，印迹轻薄而光洁挺拔，线条弧度优美，显出主面纹的特定风格；点纹呈叠山形，点小而圆厚，立体感强，说明其色浆细腻淳厚，具有很好的覆盖力。印花涂料均能将方孔纱组织之间的孔眼填没，形成很好的连续性，似有双面花纹的外观。

金银色火焰纹印花纱纹样

34

漆缅纱冠

此件纱冠出土于马王堆三号墓北边厢长方形油彩漆妆奁（北162）中，又称武冠，为武将所戴，是一种附加在巾帻之上的漆纱笼冠，乃以生丝编织后再涂上生漆制成。这是我国迄今发现的保存最好、年代最早的一件漆缅纱冠。

冠的外观乌黑发亮，完整如新，制作精巧，系采用左右2根经线，每组2根，开合交替一上一下编织而成。编织稀疏，亮地显方孔，纱孔均匀清晰；表层涂黑漆，质地硬挺。其外形呈簸箕

状，两侧有护耳，护耳下端各有一用于系带的小圆孔。据古籍记载，漆缅纱冠在西周即已出现，当时是用细麻线编织后涂上生漆。战国晚期至西汉初期改用生丝编结后再涂上生漆，因此称之为漆缅冠，或纱，也就是俗称的"乌纱帽"。三号墓所出漆缅纱冠用材精细，做工考究，其结构是经向呈绞纱状，纬向也是绞纱组织，菱形的网孔异常均匀。由于经纬向都是偏绞纱结构，因此左经和右经交织处的结点不易走动，编结后的网孔均匀透亮。

漆缅纱冠编结线的投影宽度为0.25毫米，孔径均为0.75毫米，菱形孔宽度和对角长度分别为0.8毫米和1.5毫米。左斜的径向密度为每厘米10×2—11×2根，右斜的径向密度为每厘米10.5×2—12×2根。

从漆缅纱冠的实物放射线的纹路图来看，织工要具备高超的智慧和熟练的技艺才能有条不紊地将之编织出来。它的编织工艺可能和马王堆一号墓中出土的"千金"绦一样，织工在开始编结时，先将左斜经线和右斜经线分成2组，然后将左右向的斜纹，按照组织密度规格要求进行编织。如果是平纹编织，可能还比较快些，但由于孔距阔疏，结节点容易移动，从而使网孔变得不均匀。另外，可能还有一种编织方法，就是利用织纱罗的织机。纵向的经由绞综和地综分别起出，横向的绞纬由手工逐一起出，为了保证纱帽孔眼的均匀，以及纹路的清晰，将经纬各组互相纠缠起来。这样一根一根、一孔一孔地编织，其编织效率显然比前一种方法要高些，但仍要有熟练的技术才行。织物编好后，将此织物斜覆在冠帽的模型上，碾压出初具轮廓的帽型，再加嵌帽框的固定线，然后在经纬线上反复地涂刷生漆，这种碾压出的弧形放射线更加固定、牢实。

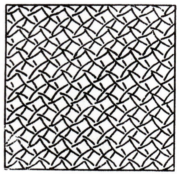

漆缅纱冠编织纹路　　　　漆缅纱冠编织结构示意

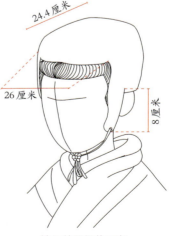

漆缅纱冠佩戴示意

第二章

罗

35

朱红色菱形纹罗（2件）

（1）朱红色菱形纹罗（354-2）

（2）朱红色菱形纹罗（354-1）

354-2　　　　354-1

　　出土于马王堆一号墓西边厢354号"缯笥"竹笥内，颜色鲜艳，亮泽如新。其主体图案由一个大菱形与两个小菱形复合而成，纹饰属于Ⅰ型菱形纹罗纹样。这种纹饰具有对称的特性和美感，在丝织品纹样中广泛采用，战国以后十分流行，魏晋后便绝迹了。

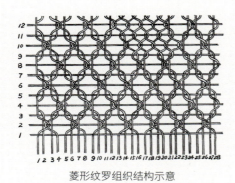

菱形纹罗组织结构示意

36

褐色菱形纹罗（6件）

（1）褐色菱形纹罗（340-18）（2）褐色菱形纹罗（340-17）

（3）褐色菱形纹罗（340-20）（4）褐色菱形纹罗（340-19）

（5）褐色菱形纹罗（340-21）（6）褐色菱形纹罗（340-28）

　　出土于马王堆一号墓西边厢340号"缯笥"竹笥内，保存较完整，微有拉伸变形，幅面略有黑色污渍。褐色菱形纹罗织造结构较朱红色菱形纹罗简单，纹饰属于典型的Ⅱ型菱形纹罗。图案为纵向的瘦长形的杯纹，通过图案线条粗细、虚实的变化，组合相配形成以菱形为框架的大菱形，填充线条图案，有如神秘的迷宫。特别是细线条构成的菱形纹打破了传统的左右对称，尽显几何折线之美。

340-18　　　　　　340-17

340-20　　　　　　340-19

340-21　　　　　　340-28

　　340-17经纬密度为每平方厘米96根×34根，全幅实纹14枚，虚纹13枚；340-18经纬密度为每平方厘米104根×34根，全幅实纹13枚，虚纹12枚；340-19经纬密度为每平方厘米104根×34根，全幅实纹13枚，虚纹14枚；340-20、340-21经纬密度为每平方厘米64根×40根，全幅实纹11枚，虚纹12枚；340-28经纬密度为每平方厘米96根×36根，全幅实纹14枚，虚纹13枚。

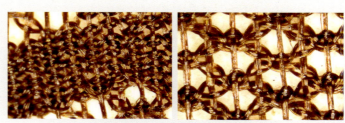

褐色菱形纹罗（340-20）立体显微镜照

37

褐色菱形纹罗"千金"绦手套

　　马王堆一号墓北边厢双层九子漆妆奁的上层共出土三副手套，形制相同，均为直筒露指式。这副手套较长，可以套到小臂

上。其主要功能为保暖，而手指外露又可以灵活方便地拿取一些物品。

这副手套裁剪制作工艺精湛。掌面部分用褐色菱形纹罗面料正裁，缝在拇指上下；指部和腕部均为素绢斜裁，是用幅宽1/4幅的素绢窄条，按照螺旋式方式缝合成筒状，再折为里、面两层，所以手套的上下两口都没有缝，拇指部分是另加的，口和上侧有缝。手套指、腕部位绢的经纬密度为每平方厘米136根×64根，掌面四经绞罗的经纬密度为每平方厘米112根×32根。

手套掌面的褐色菱形纹罗面料，织造技术较为复杂，是以四经绞罗作孔眼较大的地纹，以二经绞罗起孔眼较小的花纹，形成相对分明的耳杯形菱形纹罗，为Ⅰ型菱形纹罗图案。

手套掌面上下两侧加饰一周"千金"绦，是用丝线编织的彩色丝带，用于装饰衣物。因绦上编有篆体"千金"字样而得名。"千金"绦较窄，宽仅0.9厘米。绦面分为3行，各宽0.3厘米，编带密度为每平方厘米60根×60根。阴阳纹交替。纹样由"千金"文字、雷纹和波折纹3种组成，呈绛红色，色调古朴。遣册简266"沙（纱）绮緿一两赤掾（缘）千金缩（绦）劮（饰）"，应指这副褐色菱形纹罗"千金"绦手套。

绦带的组织属于编织物的结构类型，它只有经线，没有纬线，即用一组左经线与一组右经线，呈45°角相互编织，利用双层组织结构原理，编成图案和文字的花纹，以使其华丽美观，用于高级丝绸装饰品的镶嵌结构。这种结构复杂且用篆文作织物装饰图案的绦带，在我国尚属首次发现，为研究绦带织物发展提供了极有价值的实物史料。

"千金"绦局部

38

朱红色菱形纹罗"千金"绦手套

此手套出土于一号墓北边厢双层九子漆妆奁内。直筒露指式手套，造型简洁，具有御寒与装饰功能。掌面为朱红色的Ⅰ型菱形纹罗，正裁，掌面体量比拇指大；指部和腕部则均用绢。掌面

部分的上下两侧，各饰"千金"绦一周。其缝纫方式为平针，针距0.2厘米。掌面罗料的经纬密度为每平方厘米104根×38根，指、腕处绢经纬密度为每平方厘米142根×76根。简267记载"緿绮緿一两素掾（缘）千金缩（绦）劮（饰）"，应即指此。

手套掌面朱红菱形纹罗面料色泽鲜艳，经检测为朱砂染色而成。织物孔眼清晰，染色均匀，足以说明西汉时期的印染工艺之高超。

39

黄褐色菱形纹罗香囊

香囊出土于马王堆一号墓东边厢65号竹笥中，出土时内装伞形科植物、辛夷、红黑色片状物、粉末等香料。此香囊腰部有系带，系带用印花敷彩纱面料缝制，领部用斜裁的3块三角形素绢缝制而成，腰部用黄褐色菱形纹罗缝制。囊底由2块对鸟菱形纹绮地"信期绣"拼接而成。其囊领部绢的经纬密度为每平方厘米118根×66根；囊底部绮的经纬密度为每平方厘米88根×30根；囊腰部面为菱形纹罗，其经纬密度为每平方厘米76根×34根；囊里绢的经纬密度为每平方厘米74根×38根。简272提到的"红绮熏囊一素掾（缘）"应即指此。

香囊囊部菱形纹罗呈黄褐色，图案为Ⅱ型菱形纹罗纹样。底部"信期绣"的刺绣针脚长0.15厘米，以朱红、浅棕红和褐色丝线绣出穗状流云、卷枝花草等图案。汉代香囊不仅可作为身体佩饰，还可以悬挂于帏帐。这件香囊尺寸较大，应该是垂挂在帐内的香囊。

香囊腰部上的印花敷彩纱丝带

40

褐色菱形纹罗丝绵袍（2件）

（1）褐色菱形纹罗丝绵袍（357-1）

（2）褐色菱形纹罗丝绵袍（357-4）

357-1

357-4

　　357-1、357-4这两件褐色菱形纹罗丝绵袍出土时均整齐地叠放在马王堆一号墓357号竹笥内。褐色菱形纹罗面，缘、里素绢，内絮丝绵。交领，右衽，曲裾。357-1绵袍，袖宽39厘米，袖口宽24厘米，下摆宽80厘米，领缘宽20厘米，袖缘宽30厘米，摆缘宽28厘米；绢缘经纬密度为每平方厘米102根×74根，绢里经纬密度为每平方厘米70根×60根，菱形纹罗面经纬密度为每平方厘米120根×40根。357-4绵袍，袖宽30厘米，袖口宽24厘米，下摆宽66厘米，领缘宽20厘米，袖缘宽30厘米，摆缘宽28厘米；绢缘经纬密度为每平方厘米96根×60根，绢里经纬密度为每平方厘米70根×60根，菱形纹罗面经纬密度为每平方厘米120根×40根。

　　这种上衣下裳相连的袍服在汉代贵族妇女中广为流行。马王堆一号墓竹笥出土保存完好的绵袍12件，其中外襟为曲裾9件。曲裾袍服即开襟是从领曲斜至腋下，通身紧窄，长可曳地，下摆一般呈喇叭状，行不露足，显示出女性的文静与优雅。这两件衣服看似颜色质朴，实则舒适名贵。357-1、357-4使用的面料都是褐色菱形纹罗，纹饰却略有差异，分别属于Ib型和Ⅰ型菱形纹罗。袍服一开始是属于内衣，所以穿着时必须加罩外衣。随着时间的推移，内衣有时也可穿在外面，袍服就演变为一种外衣形式。因此，袍服制作日益考究，装饰也日臻精美，袍服上的刺绣花纹、颜色也越来越多。

第三章

绮

41

黄褐色对鸟菱形纹绮

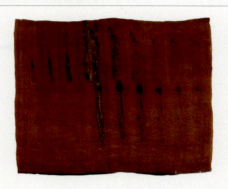

　　此幅绮出土于马王堆一号墓西边厢340号"缯笥"竹笥内，为26幅丝织品中的一幅。此幅绮中有横向的黑、灰、铜绿色等污迹。其经纬密度为每平方厘米100根×46根。图案为纵向的连续菱形纹，再在菱形纹内填以横向的花纹，每组三层，分别为对鸟和两种不同的花叶纹菱形图案。全幅6组，每个菱形纹长6.2厘米，宽4.8厘米。在一个花纹循环内，上下左右以细线条回纹组成菱形几何图案，竖向以上下对称形以平纹式分成两排，对鸟纹、两种菱形花叶纹交替分布在菱形线条框子内，纹样达到变化多样、生动活泼的效果。两只对鸟均挺胸回首，相向而立，双腿细长；尾分为两缕，一缕稍短，一缕稍长且尾巴呈花叶状；颈羽细长，各向鸟首后方向弯曲，并相连在一起。菱形花叶纹分为两种：一种是简单的，在菱形格的四角各有一个花叶纹，花苞为小圆形，花叶伸向两边叶尖往下弯曲，菱形格的中间沿对角线上有一"十"字交叉图案，"十"字的顶部均为单片叶纹；一种是复杂的，整体呈花叶组成的椭圆菱形，菱形的中间为四瓣花蕊，菱形的长端各伸出一个带两片叶芽的花苞纹。这种对鸟菱形纹绮结构复杂，织造难度较大。其地部组织为平纹，单层平织，花纹为三上一下右斜纹经面组织，由于花纹组织循环大，一般素机无法织制，要用提花装置才能达到织制要求。[1]

黄褐色对鸟菱形纹绮纹样

1　上海市纺织科学研究院，上海市丝绸工业公司文物研究组. 长沙马王堆一号汉墓出土纺织品的研究 [M]. 北京：文物出版社，1980：28.

42

对鸟菱形纹绮夹丝绵残片

在马王堆一号墓内棺中共清理出 50 余片对鸟菱形纹绮夹丝绵残片，另还有菱形纹罗或绢夹丝绵残片。此类残片应为发掘报告所提到的"阴部与大腿之间空隙处用绢面裹丝绵塞实，两脚至棺挡板的空隙处也用绢面裹丝绵塞实"的实物，也许当时将部分绮和罗认作绢了。对鸟菱形纹绮夹丝绵残片尺寸最大的长 34 厘米，宽 33 厘米，最小的长 2.4 厘米，宽 2.4 厘米。大部分夹有丝绵，表面有白色结晶。有数片对鸟菱形纹绮夹丝绵残片上附着黄色菱形纹罗夹丝绵残片，可判断这两种纹饰的夹丝绵残片应为相邻的两层。

部分残片可看到两片对鸟菱形纹绮中间夹丝绵，部分残片可看到对鸟菱形纹绮和素绢中间夹丝绵。此残片边缘有一侧较齐整，应是发掘时采集内棺纺织品样本时形成。两面都有白色簇状结晶体。此残片因尺寸较大，两面都可观察到三排清晰的菱形纹，经线密度为每厘米 100 根，纬线密度为每厘米 40 根。图案纹样与一号墓出土的其他对鸟菱形纹绮一致。单个菱形纹大约高 5 厘米，宽 6 厘米。残片为三层，两片对鸟菱形纹绮夹丝绵。局部的颜色被浸染成深棕色。

对鸟菱形纹绮夹丝绵局部

43

绛色菱形纹绮（2 件）

（1）绛色菱形纹绮（340-1）

（2）绛色菱形纹绮（354-19）

340-1　　　　　　　354-19

这两件菱形纹绮分别出土于马王堆一号墓西边厢 340 号和 354 号"缯笥"竹笥内，两幅的织法和花纹图案完全相同。由一组经丝和一组纬丝相互交织，在平纹素地上起三上一下的四枚纹经花，地部是平纹组织，故花地极为清晰，外观雅致大方。地的经纬密度为每平方厘米 40 根×30 根，边维平织。花纹为粗细线条组成的重层菱形，两侧各附加一个较小的菱形。图案单元纵横呈连续式排列，横贯终幅。实纹 14 单元，每个单元长宽各约 3 厘米；虚纹 13 个单元，每个单元长宽各约 2.5 厘米。一个花纹循环，经丝 116 根，纬丝 92 根。花纹图案上下左右两相对称，当时用素机和提花机均可织造。如用素机织造，可由 60 片上口综控制提花，前面再加两片平纹上口综管理地部组织。两幅绮的经纬线粗细不匀，织纹较稀疏，花纹不甚规整。该绮的菱形图案，形状与俯视的耳杯相似，《太平御览》所载"七彩杯文绮"[1] 即或指此。因菱形纹可以无限向四方扩展连续，也被称为"长命纹"，是一种吉祥纹饰。

绛色菱形纹绮（340-1）纹样　　绛色菱形纹绮（340-1）立体显微镜照

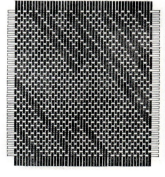 

绛色菱形纹绮（354-19）组织结构　　绛色菱形纹绮（354-19）红外光谱照

1　李昉，李穆，徐铉，等.太平御览[M].北京：中华书局，2000：3627.

44

土黄色对鸟菱形纹绮残片

出土于马王堆三号墓南边厢123号"绮缯笥"竹笥内,已成残片。其经线密度为每厘米98—102根,纬线密度为每厘米42—44根。此件对鸟菱形纹绮地部为一上一下的平纹组织,在素地上起纹的花部组织为三上一下的经面斜纹组织。其图案与一号墓对鸟菱形纹绮相似,为对鸟动物变形纹和花卉纹相结合的纹样,一个花纹循环内,上下左右以细线条雷纹组成四方连续的变形菱形花纹,每个菱形花纹内,织变形动物的对鸟,还有变化的植物花草。图案中几何纹、云雷纹、植物纹和动物纹等多种纹样相互交替分布,题材极为丰富。对鸟在朵朵云气之中,似在频频回首,瑞草花卉枝叶蔓生,菱形杯纹线条均匀,设计别具匠心,画面生动活泼,是汉初杰出的工艺品。

土黄色对鸟菱形纹绮残片局部

对鸟菱形纹绮立体显微镜照

45

褐色对鸟菱形纹绮丝绵袍残片

马王堆三号墓出土的褐色对鸟菱形纹绮丝绵袍残片大小共90多块,最大的一块略呈长方形,最长处31厘米,最宽处11厘米。根据其出土位置分析,它是存放在西边厢21号竹笥中,竹笥对应的木牌为"祝衣两笥"中的一笥。《说文解字》云:"赠终者衣被曰祝"[1],可见此箱衣服是送给死者用的丧葬衣服。这件绵袍呈黄褐色,有3层,最上面是在绮地上织造菱形图案,中间为一层薄薄的丝绵,最下一层为黄色细绢。文字织在绮地菱形图案中间,共出现8个篆书字,根据不同残片从上往下竖读有"安乐""无极""乐如意""如意长寿""寿无"分析,这些字从上至下应为:安、乐、如、意、长、寿、无、极。每个字的大小稍有不同。目前发现的"安"字有5个,大小为长1厘米,宽0.8厘米;"乐"字5个,长1.8厘米,宽0.8厘米;"如"字13个,长1厘米,宽0.6厘米;"意"字15个,长1.8厘米,宽0.6厘米;"长"字8个,长1厘米,宽0.5厘米;"寿"字13个,长1厘米,宽0.8厘米;"无"字16个,长1厘米,宽0.8厘米;"极"字有6个,长1厘米,宽0.8厘米。它们的字体结构是非常典型的篆书,接近小篆,字形较长,势取纵向。笔画横平竖直、平衡对衬、圆劲均匀,更富美感。8个字是以平纹为基底、通过经线浮现花纹(平纹地起经浮花)的复杂提花丝织品。其丝线未经染色,巧妙运用丝纤维光泽和不同经线长度对光反射的差异,营造出微妙的暗花效果,即所谓"织素为文",是一类古代的高级丝绸制品。此八字应当是当时流行的一句吉祥语,表现了汉代人对长生的渴望以及对生活安定的美好追求。

"安乐如意长寿无极"八字

1　许慎. 说文解字 [M]. 北京: 中华书局, 1963: 173.

46
菱形纹绮（2件）

（1）土黄色菱形纹绮（南104-2②）

（2）褐色菱形纹绮（南104-2①）

南104-2②

南104-2①

　　此组菱形纹绮出土于马王堆三号墓南边厢104号"锦缯笥"竹笥内。整体颜色分别呈土黄色和褐色，上有细线条雷纹组成四方连续菱形纹图形，形状似耳杯，又因菱形纹可以无限向四方扩展连续，也被称为"长命纹"。图案单元纵横呈连续式排列，横贯终幅。起花部分为三上一下右斜纹经面组织，当时用素机和提花机皆可织造，是当时较好的丝织物。这类菱形纹绮在马王堆一号墓中也有出土。

土黄色菱形纹绮（南104-2②）局部

褐色菱形纹绮（南104-2①）红外光谱照

锦

47
褐色地双色方格纹锦

　　长沙左家塘44号楚墓出土双色方格纹锦共7块，为二重经锦组织结构。其中最大的残长17厘米，宽11厘米。经线密度为每厘米140根，纬线密度为每厘米60根。经线分为深色及浅色两种，浅色为显色经丝。花纹为细菱形格，菱形格中间是一小段直线形成的中心纹饰。小段直线采用了挂经的技术，每一菱形细格配置浅棕色挂经2根。挂经只在细菱形纹的中心部位有 $\frac{4}{1}$ 的上浮点，以填充中心花，其余部位沉于织物背面，形成长达0.6厘米的背浮点。两根挂经的浮点相同，增加了花纹图案的表现力。在残片的边缘有锦边。锦边分为两区：一区花纹为折线形成的连续三角形纹，三角形底边中心处饰空心长方形；一区为无纹饰的浅色经线。

褐色地双色方格纹锦纹样　　　　方格纹

锦边

48

深棕色地三色菱形纹锦

此锦为三重经锦。左家塘楚墓共出土3块菱形纹锦残片，这是其中最大的一块。经线密度为每厘米138根，纬线密度为每厘米40根。在靠近锦边一侧有缝过的针迹。此锦为三色锦，以深棕色经线作地纹，橙色经线勾菱形边线，浅黄色经线作填充菱形的几何纹，色彩丰富。纹饰可分为四组。前三组为三层套合的磬形，套合后形成了两排完整的菱形纹，每一个磬形的下方装饰一个小几何纹，在双线勾勒的磬形之间也点缀了许多的几何线条。第四组是几个磬形和几何形的松散组合。这些纹样都是线的组合，几何纹是先秦时期最具代表的纹样，组合灵活，造型丰富，变化多样。

三色菱形纹锦纹样

49

褐色地"女五氏"几何纹锦

此锦由两块锦拼缝，由于两块几何纹的排列组合不同，纹样无法衔接。此类几何纹锦残片左家塘楚墓还出土了多块。在锦的

一边有0.8厘米的锦边，锦边上墨书"女五氏"三字，篆书。在墨书的旁边盖有朱印一枚，宽1.9厘米，残长2.3—2.9厘米，文字无法辨识。经线密度为每厘米80根，纬线密度为每厘米44根。

此锦为三色锦，以褐色经线作地纹，以橙色经线显花，但在这个█████花纹的区内，除褐、橙二色外，加牵一条0.8厘米长的浅黄色经彩条。在这个色条区内，以褐色作地纹，以橙色、浅黄色二色显花。这一区域内为三重经锦组织，其余区域为二重经锦组织。

在纺织品上加盖朱印和墨书文字的现象是首次发现，"女五氏"推测很可能为当时丝织业作坊或制造者姓氏的标记。

"女五氏"几何纹锦纹样　　　　墨书文字

50

褐色花卉纹锦

出土于马王堆一号墓西边厢340号"缯笥"竹笥内，为26幅丝织品中的一幅。此幅锦保存较完整，幅面有破口和黑灰、黄铜色污迹。实物长87.5厘米，幅宽51.5厘米，两边阔为0.5厘米，每侧边经数约134—140根，系三上一下纬重平组织，或夹有四枚变化组织。通过观察幅边，可看出这一时期已使用幅撑撑边，以稳定幅度和保持绸边平挺整齐。整幅锦经纬密度为每平方厘米112根×45根，经丝2根为一组。这种纹锦未见运用于出土的成品服饰。

由于此幅锦花纹经和地纹经的颜色褪变严重，结构细密又较薄，图案形象已较模糊难辨。据《长沙马王堆一号汉墓出土纺织品的研究》一书所画出的线图，纹样呈上下左右对称图案，为柿蒂纹、枝叶纹、点纹、八角星纹连续循环的图案，并以细线条断续的笔法来刻画这些内容，它的花朵和枝叶，构成四方连续写意的图案。八角星纹[1]新石器时代就已出现，先秦及汉代丝织物上常见。此锦纹饰与新疆胜金店出土锦囊纹饰基本相同，可由此看出之前的华丽程度。

花卉纹锦纹样

51

深褐色地绛红色几何纹锦

　　该幅几何纹锦出土于马王堆一号墓西边厢354号"缯笥"竹笥内。此幅经丝3根为一组，经纬密度为每平方厘米126根×48根，通幅有多种几何图案，有点纹、曲折纹、杯纹等，以空心线条的几何纹为主。

　　通幅纵向花纹相同，2厘米为一循环，各种几何形状平铺分布在全幅内，所选纹饰布局不完全一样，有的纹饰全幅安排了15个，有的全幅只用了5.5个，更少的只有2个，排序无一定规律，各种形态相互穿插，考虑了织品效果和织造工艺条件。花纹通贯终幅。此幅作为衣料放在竹笥内，是保存完整的几何纹锦。

几何纹锦局部

1　王予.八角星纹与史前织机[J].中国文化，1990（1）：84-94.

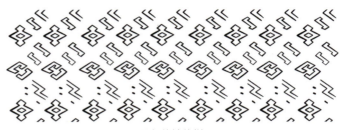

几何纹锦纹样

52

深褐色鹿纹锦瑟衣

　　瑟是我国最早的弦乐器之一，最早的瑟发现于春秋早期，战国时期出土的瑟数量最多，形制还不固定，到西汉时期已固定下来。马王堆一号墓出土的二十五弦瑟制作较粗糙，但形制完备，通体未发现任何磨损痕迹，是为随葬而制作的一具新瑟，是我国现存最完整的古瑟之一，为研究古代音乐史及汉代乐器的演奏方法提供了非常可贵的实物资料。

　　瑟衣出土时套在二十五弦瑟上，置于西边厢第二层，形制作长方形罩状，保存状况良好。仅尾端长33厘米的一段有底，并有高21厘米的堵头，构成袋形，以便将瑟的尾部套入其中。其余部分高34厘米，无底，头端也没有堵头。其缝制方法是：将整幅的锦平铺于瑟面之上，折过瑟尾包至尾底，再与两侧的各半幅锦缝合起来。尾部的袋状以外部分，锦面之外另加绢质夹缘，绢缘的经纬密度为每平方厘米112根×46根。[2]

　　瑟衣共用两种类型的纺织品，主要用料为鹿纹锦，经纬密度为每平方厘米153根×40根，经丝3根为一组，是平面显花的织锦。鹿纹单元图案长2.5厘米，宽6.4厘米为一循环。单元图案交错排列，错落有致。与其他织锦有所不同，其他锦的组织结构都有一组底经丝作为地部基础组织，独有此锦不用底经，以地纹经Ⅰ和地纹经Ⅱ相互交替，轮流起地纹组织和地部一上三下的组织。因此，地纹经Ⅰ、Ⅱ和花纹经的经丝升降运动，全部要用提花束综来管理，工艺与其他纹锦相似。[3]细看纹饰局部，上下排的单元图案细部有多处不同，这是技术错误造成的。

　　尾部的袋状以外部分，锦面之外另加宽13厘米的绢质夹缘。观察其他出土的绢质面料，一般经线密度为每厘米100根以上的细绢，多用作绵袍、几巾、枕巾、夹袯等的缘，并用以制作香囊和手套等。此件瑟衣的绢缘，经线密度为每厘米112根，亦是上

2　湖南省博物馆，中国科学院考古研究所.长沙马王堆一号汉墓[M].北京：文物出版社，1973：187.
3　上海市纺织科学研究院，上海市丝绸工业公司文物研究组.长沙马王堆一号汉墓出土纺织品的研究[M].北京：文物出版社，1980：38-39.

乘细绢。由于鹿纹锦显花的经线颜色为红色，纹饰满布幅面，使得瑟衣整体呈现朱红色调，用素绢为缘，一繁一简，搭配得宜。

该锦上的鹿颔首奔跑，造型奇异。鹿在汉代被视为仙兽，是仙人的坐骑。《楚辞·哀时命》："浮云雾而入冥兮，骑白鹿而容与。"[1]这一源自自然界的动物被赋予祥瑞的意象后，也与神话传说中的灵异动物一样，造型夸张而奔放。在马王堆一号墓的朱地彩绘棺左侧壁上绘有一伏鹿，鹿首低垂，两角粗壮，四足翘举。旁边绘一仙人，头发斑白，两手攀龙。鹿与龙、虎、朱雀同为朱地彩绘棺上的瑞兽。[2]

二十五弦瑟和瑟衣，出土遣册简276记载为："瑟一越閭（闺）锦衣一赤掾（缘）。""閭"学者认为是一种绢名，也有学者认为"越閭"是指锦的产地。[3]一号墓出土竽与瑟一样，有完备的形制，但不能实用，是下葬时制作的明器。乐器制作好后，再量身制作瑟、竽衣。出土乐器实物中，一号墓竽律管和三号墓七弦琴出土时也有丝织品包裹，同样有遣册记录。

锦在汉代是非常珍贵的面料。一号墓出土的单幅几何纹锦、花卉纹锦、凤鸟纹锦是作为面料放在竹笥内，均没有发现使用与这3幅完全相同的锦做衣物或成品。茱萸纹锦用于药枕的两个侧面，几何纹绒圈锦用于作丝绵袍的领缘、袖缘、衣带，几巾和枕巾的边饰，以及香囊、镜套的底部。也就是说，马王堆一号墓出土的锦用来做成品的目前发现的只有鹿纹锦。锦的制作费工费时，非常贵重，质地厚实耐磨，战国、西汉时期大面积运用织锦做的服饰并不多见，但从出土的战国简分析，经锦应该时常被制作为枕套、坐垫、帽缨等小件生活用品和盛装物品的囊袋，即锦囊。即使到了现在，我们仍然用锦囊形容好看的袋子，用锦囊盛装贵重物品、诗稿、机密文件，而那些巧妙的计策则被称为锦囊妙计。

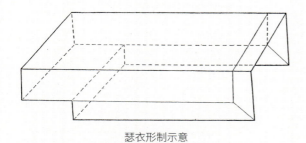

瑟衣形制示意

鹿纹锦纹样

1　洪兴祖.楚辞补注[M].北京：中华书局，2006：265.
2　张晓霞.中国古代染织纹样史[M].北京：北京大学出版社，2016：101.
3　湖南省博物馆，复旦大学出土文献与古文字研究中心.长沙马王堆汉墓简帛集成：六[M].北京：中华书局，2014：214.

鹿纹锦组织结构立体显微镜照

53

深褐色鹿纹锦竽衣

出土于马王堆一号墓西边厢第二层，竽装在竽衣内，保存状况良好。通长139厘米，竽嘴处开口宽16厘米，周长64厘米，顶部直径16厘米。用与瑟衣相同的单层鹿纹锦缝制而成，并加褐色绢夹缘。其缝制方法是，用整幅的鹿纹锦裹住竽的管部，再将嘴侧缝住，呈顶小底大的圆筒状。顶盖为绢地"信期绣"，已残。另外，又在底部及嘴部加缀宽15厘米的绢质夹缘。

竽外形完整，但内部结构不完备，是一件不能实际吹奏的明器。但这件明器用竽衣包裹，也是一件受到珍视的器物。竽及竽衣出土遣册简277记载："竽一越閭（闺）锦衣素掾（缘）。"与瑟衣描述不同之处在于，竽衣边缘缝的是素绢，而瑟衣是赤色绢，但由于颜色褪变严重，看不出颜色区别。

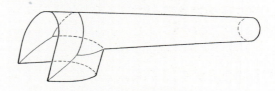

竽衣形制示意

54

几何纹绒圈锦残片

此两幅绒圈锦均出土于马王堆一号墓内棺中，是衣衾的缘。其中一幅残留缝线。内棺中纺织品整体保存状况不好。这两件每幅残存约12排几何纹，属于Ⅰ型绒圈锦，显色经线与纬线颜色相区别，整体以深色为主。从残存纹样看，排列有一定规律。

马王堆一号墓内棺覆盖和包裹遗体的22件衣衾中，明确有2件绵衾、2件绵袍用几何纹绒圈锦为缘，其他残损太甚，无法判断。据边厢竹笥中保存完好的3件以绒圈锦为缘的绵袍（329-10、357-3、357-5）分析，领缘用4片绒圈锦拼成，宽各半幅。外襟下侧的绒圈锦缘，用3片拼成，其中2片宽整幅，1片宽半幅。底边的绒圈锦缘，用3片拼成，其中2片宽整幅，1片宽半幅，另加2个斜角。袖缘的宽度与袖口宽略等，用绒圈锦1片旋绕而成，宽各半幅。除领、袖、襟和底边的绒圈锦缘之外，有宽5厘米的窄绢条，由袍里的边缘翻出来。据学者复原研究，除袖缘为套合外，领缘、外襟及下侧袍缘均缝合。

55

丝绵袍几何纹绒圈锦袖口残片

从此残片中我们可清晰地看到绒圈锦、绢底、衣服的连缀情况。整个袖口以绒圈锦包裹，绒圈锦斜裁，内絮丝绵，底衬素绢，一端残存绢缘，袖口未见缝合线。这幅绒圈锦的面料每列1—2种几何纹，从残片来看，纹饰16列一循环。

绒圈锦工艺非常复杂。其袖口的色彩比一般绒圈锦更加艳丽，经线4根为一组，地纹经分为2色，其中一种在地部形成陪衬花纹，为Ⅳ型绒圈锦。一个花纹循环，横向13.7厘米，纵向5.6厘米，每厘米经线密度（54—56）×4根，约为216—224根，纬线密度48—52根。这种带菱形纹底纹的绒圈锦采用的是二把吊的束综装置。[1]

几何纹绒圈锦局部

1　上海市纺织科学研究院，上海市丝绸工业公司文物研究组. 长沙马王堆一号汉墓出土纺织品的研究 [M]. 北京：文物出版社，1980：53.

56

绣花夹袍几何纹绒圈锦袖缘、腰带

（1）绣花夹袍几何纹绒圈锦腰带（437-2）

（2）绣花夹袍几何纹绒圈锦袖缘（437-4）

（3）绣花夹袍几何纹绒圈锦袖缘（437-3）

此组袖缘、腰带出土于马王堆一号墓北边厢，是437号绛紫色菱形纹罗"信期绣"夹袍上的衣物配件。袖缘及腰带质地均为Ⅱ型几何纹绒圈锦。观察可见7种几何纹，每排2—4种纹饰不等，排列无明显规律。经纬密度为每平方厘米140根×58根。经丝以5根为一组。这种风格的绒圈锦也用来做黄褐色对鸟菱形纹绮地"信期绣"香囊（65-1）的底部。2件袖缘，由2幅长条几何纹锦边缘内折后相对缝合，再上下缝合为一圈。最长的一条为腰带，有残损，缝合方式与袖缘一致。

腰带为穿深衣时绕襟使用，腰带多系在衣襟的尖端，防止衣服散开。秦汉时期男子主要用革带，也用丝带，而女子以丝腰带为主。从出土木俑、帛画等资料看，所系高度视衣襟的高度而定，从后向前以活结方式系在腰前右侧。这种用彩锦制成的腰带被称为"锦带"。从先秦古籍记载看，腰带的尺寸、种类、颜色、所挂装饰、垂下来的长度均有等级差别。

437-4

437-3

437-2

腰带立体显微镜照

57

丝绵袍几何纹绒圈锦残片

此件几何纹绒圈锦残片出土于马王堆一号墓内棺，相接一块窄长绢，应该为某件丝绵袍的边缘。锦属于Ⅲ型几何纹绒圈锦图案，有的一列以两种几何纹图形重复，有的一列只重复一种图形，图形之间饰以断续的虚线点纹，使得每个几何纹样都在一个近似菱形的格子中。此类绒圈锦还可见于一号墓北边厢五子漆妆奁内的镜衣（院藏编号：6317　分类号：441-3）。

几何纹绒圈锦局部

58

褐色地朱红色游豹纹锦枕头残片

出土于马王堆三号墓北边厢，因糟朽而残断成数片。从残片形状看，应为长方形枕。据残留的缝线推断，此枕大约长49厘米，宽14厘米，高14厘米，内部填塞佩兰叶。遣册简337记载"紫三采（彩）桴（游）豹沈（枕）一"，当指此枕。此枕以游豹纹锦为枕面及侧面，其上残留打"十"字穿心结的残线。左右两

面为深褐色锦，不明是何纹样。此锦以朱红色、深褐色、黑色3种经丝为一组，朱红色起花经，深褐色起地纹，黑色织底组织，纬丝为褐色。遣册"三采（彩）"应当是指3种颜色的经丝织成。朱红色、深褐色相互交替起伏，用方块散点的基础组织点显示花纹，使织物表面有密度丰满的效果。豹纹由散点斑纹组成，豹飞跃回首、阔步奔腾在由方块、圆点、小石、丛树和荆草组成的山丘之中。

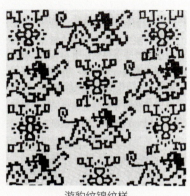

游豹纹锦纹样

59

褐色地绛红色几何纹锦残片（2件）

（1）褐色地绛红色几何纹锦残片（北182-4）

（2）褐色地绛红色几何纹锦残片（南180-5）

北182-4　　　　　南180-5

北182-4几何纹锦残片出土于马王堆三号墓北边厢，应是包裹角质短剑的丝织物。南180-5几何纹锦残片出土于南边厢180号"绣缯笥"竹笥内，其内有丝织品6幅。此种织锦经纬密度为每平方厘米128根×42根。马王堆一号墓竹笥也出土了一幅几何纹锦衣料，不见用于成品服饰。几何纹锦在马王堆汉墓中的实际使用情况，目前所发现的有三号墓东边厢112号竹笥中出土香囊残片（院藏编号：6620）的底部及木俑服饰。两幅残片可见7种几何纹样，有点纹、曲折纹、杯纹等，以空心线条的几何纹为主，纵向花纹相同，各种形状平铺分布在全幅内，从残留的情况看不出循环规律。

几何纹在商周青铜器残留的丝绸印痕中已可见，至东周时期出土的几何纹锦有更复杂的体现。汉代新出现的绒圈锦即是在先秦织造几何纹锦的技术基础上发展出来的更高级的面料。

60
褐色夔龙纹锦（2件）

（1）褐色夔龙纹锦（南104-1）

（2）褐色夔龙纹锦（南123-1）

南104-1

南123-1

此种夔龙纹锦三号墓共出土2件。南104-1出土于"锦缯笥"竹笥内，遣册简328"锦一笥"当指此，厚度大约0.23—0.24毫米，幅边5毫米，经纬密度为每平方厘米120根×50根；南123-1出土于"绮缯笥"竹笥内，遣册简329"绮一笥"当指此，厚度0.11—0.12毫米，幅边2毫米，经纬密度为每平方厘米124根×62根。三号墓衣服大多残损，无法得知有没有用夔龙纹锦为面料制作的服饰。

夔龙纹锦出土实物呈黄棕色，地经浅棕色，花经深棕色，即用甲、乙两种染好的深、浅色经丝和一种色的纬丝交织，花纹是四枚变化组织，花回的长度为2.1厘米，宽度为2.3厘米。夔龙纹锦的纹样，主要取材于商、西周青铜器上的夔龙纹样。纹饰以2条龙为一组，两龙相背之间织有几何纹和"十"字花纹。

夔龙纹锦由于花纹变化多端，单元图案的幅面较大，要用提花机织造。它的花纹组织是以甲经三上一下为主要的经斜纹组织起花，在花纹边缘交界处，是用二上二下的组织作为过渡、地部以乙经一上三下为基础的变化组织。

褐色夔龙纹锦（南123-1）纹样

61
褐色隐花波折纹凤纹锦

这幅隐花波折纹凤纹锦出土于马王堆三号墓南边厢104号"锦缯笥"竹笥内。厚度0.2—0.5毫米，幅边5毫米，经纬密度为每平方厘米120根×50根。由于花纹经和地纹经颜色褪变严重，图案较难辨认。其画面为满地的波折纹，按平纹式织入两种不同形状的模纹，一种为凤鸟纹，一种为不规则八角星纹。两类纹饰上下交替相间排列。此锦纹饰与一号墓出土的波折纹凤纹锦相似。凤鸟纹样和八角星纹样与战国时期纺织品上的纹样是一脉相承的关系。

62
褐色地朱色龙纹锦

这幅褐色地朱色龙纹锦出土于马王堆三号墓南边厢104号"锦缯笥"竹笥内，残破处较多。厚度0.12毫米，幅边4毫米。四枚经组织，经纬密度为每平方厘米100根×39根。通幅朱红色龙纹，纹样主要为较具象的龙头，有眼、嘴等部位刻画，除龙头外，还装饰有圆圈和V形等图案，可能为抽象龙身。不同于夔龙纹、几何纹用镂空线条勾勒纹饰，也不同于游豹纹用方点纹连缀图案，朱龙纹与凤鸟纹都为剪影式刻画，且朱龙纹为半具象半抽象的形式，别有意趣。

褐色地朱色龙纹锦纹样

63

深褐色地几何纹绒圈锦残片（2件）

（1）深褐色地几何纹绒圈锦残片（棺6-15）

（2）深褐色地几何纹绒圈锦残片（内-1）

棺6-15　　　内-1

　　棺6-15深褐色地几何纹绒圈锦残片为马王堆三号墓内棺外装饰，内棺的四周和棺盖上贴满锦和绣，四周方框用绒圈锦装饰，中间为"乘云绣"，但质地已朽。这些丝织物用铜泡钉固定。内-1深褐色地几何纹绒圈锦残片出土于三号墓内棺内，为包裹遗体的衣衾从外往里第一层褐色绢地"信期绣"夹衾，夹衾以绒圈锦为边缘。夹衾覆盖在遗体上。内棺内的衣衾经过分层揭取，从外至里有18层，其中第一层夹衾、第三层夹袍、第七层夹衾以绒圈锦为边缘装饰，第八层夹袍以绣为边缘装饰，第六层无法确定为何边缘装饰。这两件均属于Ⅱ型绒圈锦。

深褐色地几何纹绒圈锦残片（棺6-15）局部

深褐色地几何纹绒圈锦残片（内-1）局部

第五章

刺　绣

64

绢地"长寿绣"夹袱

　　此件绢地"长寿绣"夹袱出自马王堆一号墓北边厢，用以包裹单层五子漆妆奁。整体呈方形，保存较为完好，有多处深色污染，中间有一长条形破洞。以绢地"长寿绣"作主体纹饰，周缘镶以宽5.3厘米的褐色素绢。漆奁是战国至汉代常见的梳妆盒，可知夹袱是用来包裹漆妆奁的丝织物。同墓出土的遣册简257"素长寿绣小检（奁）戴一赤周掾（缘）"，指的就是这件绢地"长寿绣"夹袱。袱，意为包袱，是用来包裹漆奁的丝织物。

　　此件绢地"长寿绣"夹袱刺绣纹饰由相同的图案单元作1/2错位的阶梯连缀式排列而成，每个图案单元含有十余朵穗状流云、藤蔓式卷草、花蕾和凤鸟纹饰等。凤鸟纹和3种穗状流云纹呈品字形分布在图案单元中，这是Ⅰ型"长寿绣"的典型特征。"长寿绣"纹样采用锁绣法以黄、绿、红和褐4种丝线绣成，受污染处，则呈紫灰、黑灰和紫蓝等多色。

夹袱包裹单层五子漆妆奁情形

65

绢地"长寿绣"几巾

几巾是覆盖在几上的织物。长沙马王堆一号墓北边厢出土了一件绢地"长寿绣"几巾，保存状态较好，仅多处有小破洞，形制基本完整。比几巾为"长寿绣"绢面，周缘镶以宽10.8厘米的绒圈锦和宽5.8厘米的素绢，里衬素绢。遣册简255记载"素长寿绣机（几）巾一缋周掾（缘）素绫"，指的就是这件绢地"长寿绣"几巾。几巾尺寸大，刺绣精美，应为一件随葬的实用丝织用品，而非明器。

"长寿绣"几巾上的刺绣纹饰由图案单元作1/2错位的阶梯连缀式排列而成，刺绣的针脚长0.2厘米，线径0.08厘米。图案单元中含有十余朵穗状流云、藤蔓式卷草、花蕾和凤鸟纹饰等。[1]图案单元中的凤鸟纹和略呈品字形分布的3种穗状流云纹，是《长沙马王堆一号汉墓》所述Ⅰ型"长寿绣"的典型特征。"长寿绣"几巾上的纹样采用锁绣法以黄、绿、红和褐4种丝线绣成，巾面受污染处呈色各异，出现紫灰、紫红、紫蓝和黑灰等多色。

竹简遣册记载"缋周缘"，与几巾实物对照，"缋"指的是绢地长寿绣四周缘拼接的Ⅰ型绒圈锦。几巾上镶接的绒圈锦与"长寿绣"枕顶面使用的绒圈锦上的提花纹样很相似，有菱形、Z形、L形和I形，各花型提花绒圈交替分布，具较强的立体效果。

这件几巾最外缘一周是黄色素绢。从几巾绢边破洞处可知，几巾拐角处素绢包着绒圈锦，直边素绢则是接缝在绒圈锦缘上的。几巾面的绢经纬密度为每平方厘米88根×46根，缘的绢经纬密度为每平方厘米114根×56根，里的绢经纬密度为每平方厘米44根×36根。

在汉代人们席地而坐，坐者为了舒适通常凭倚着一种小型家具——漆几。从河北满城一号墓出土的凭几跽坐玉人和汉画像石、画像砖上展现的汉人凭几而坐的图像可知，漆几在使用时是取下几巾的。可见，几巾是覆盖在不被使用时的漆几上的，可遮挡灰尘和光线，对漆几起到一定的保护作用。几巾本是一件制作考究的实用品，又可起到装饰作用。马王堆一号墓北边厢不仅出土了几巾，也出土了一件彩绘漆几，为墓主人营造了生前生活的场景。

1　陈锐.马王堆汉墓"长寿绣"凤鸟纹样考[J].故宫博物院院刊，2023（6）：
　36-47.

这件制作精美、用料华贵、寓意吉祥的绢地"长寿绣"几巾，不仅展现了西汉贵族精致奢华的生活，也体现了汉人高超的刺绣工艺水平和卓越的绒圈锦织造技艺。

几巾Ⅰ型绒圈锦局部

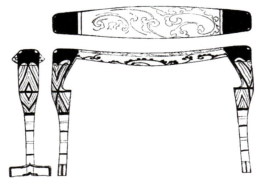

马王堆一号墓出土漆几示意

66

绛红色绢地"长寿绣"丝绵袍残片

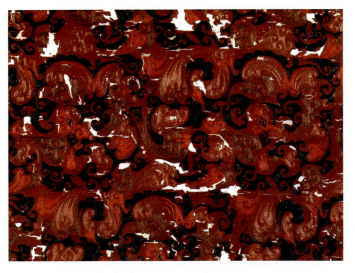

这块绛红色绢地"长寿绣"丝绵袍残片出自马王堆一号墓内棺中，为覆盖遗体的从外至里的第一层丝绵袍中的一块衣料残片。其刺绣纹样属于《长沙马王堆一号汉墓》发掘报告中所述的Ⅱ型"长寿绣"。这种类型的"长寿绣"，仅见于棺内覆盖于遗体的第一层丝绵袍。

67

绛红色绢地"长寿绣"丝绵袍残片

此绛红色绢地"长寿绣"丝绵袍残片出自马王堆一号墓内棺中，为包裹遗体的从外至里的第一层丝绵袍中的一块残片。其刺绣的"长寿绣"纹样是《长沙马王堆一号汉墓》发掘报告中所述的Ⅳ型"长寿绣"。Ⅳ型"长寿绣"与Ⅱ型"长寿绣"一样，仅见于棺内覆盖于遗体的第一层丝绵袍。这表明这件丝绵袍面料由2种"长寿绣"纹样组成。

68

黄褐色绢地"长寿绣"绵衾残片（3件）

（1）黄褐色绢地"长寿绣"绵衾残片（内4-1）

（2）黄褐色绢地"长寿绣"绵衾残片（内6叠内4）

（3）黄褐色绢地"长寿绣"绵衾残片（内4-5）

内4-1

内6叠内4

内4-5

这组黄褐色绢地"长寿绣"绵衾残片均出自马王堆一号墓内棺包裹遗体的从外至里的第五层。"长寿绣"黄绢绵衾以绢地"长寿绣"为面，里衬素绢，内絮丝绵。

黄褐色绢地绵衾"长寿绣"纹样为《长沙马王堆一号汉墓》中所述的Ⅰ型"长寿绣"，与随葬品清单记载的几巾、夹袱和镜衣上的"长寿绣"纹样相同。

这件绵衾纹饰出现2种颜色搭配，内4-1和内6叠内4的绣线配色较深，以藏青、橄榄绿、淡棕红、朱红等色为主，应基本为原色调，出土位置在遗体正面；内4-5除朱红色颜色不变之外，其余颜色均为浅黄色或浅褐色，与"长寿绣"几巾、夹袱和镜衣中相同纹样处所用绣线颜色相同，这或许是遗体背部丝织品受棺液浸泡而褪色所致。此外，其他受污染处则呈色各异，出现紫灰、紫红、紫蓝和黑灰等色。

69

褐色绢地"长寿绣"残片（2件）

（1）褐色绢地"长寿绣"残片（南180①）

（2）褐色绢地"长寿绣"残片（南180③）

南180①　　　　　　　　　南180③

这组褐色绢地"长寿绣"残片出自马王堆三号墓南边厢180号"绣缯笥"竹笥内。三号墓竹笥里盛放的绢地"长寿绣"出土时已残破。这组褐色绢地"长寿绣"纹样与标准"长寿绣"纹样相同，为《长沙马王堆一号汉墓》发掘报告中所述的Ⅰ型"长寿绣"。三号墓"长寿绣"纹样也是采用锁绣法绣成。这些"长寿绣"的刺绣工艺不及一号墓"长寿绣"精细，用色也没有一号墓"长寿绣"丰富艳丽，或许是褪色的缘故，目前仅见红和黄两种颜色。在绢地上可见明显的墨线所绘的纹样底稿。180号竹笥里的绢地"长寿绣"是专门用来陪葬的丝织物。

70
对鸟菱形纹绮地"乘云绣"枕巾

对鸟菱形纹绮地"乘云绣"枕巾出土于长沙马王堆一号墓北边厢，保存较为完整，幅面有部分残破和污染。遣册简253称之为"乘云绣"，故名。枕巾以"乘云绣"对鸟菱形纹绮为面，四周边缘镶以宽14.5厘米的褐色绢，衬里为褐色绢，里的绢经纬密度为每平方厘米44根×20根，缘的绢经纬密度为每平方厘米102根×50根。这件"乘云绣"枕巾以对鸟菱形纹绮作地，对鸟菱形纹绮经纬密度为每平方厘米78根×46根，图案为纵向的连续菱形纹，每个菱形纹长6.2厘米，宽4.8厘米，再在菱形纹内填以横向的花纹，每组3层，分别为对鸟和2种不同的菱形花。如此精美的绮地绣工，采用锁绣法以朱红、棕红、金黄和灰绿4种丝线绣成"乘云绣"。"乘云绣"图案单元由桃形、藤蔓、卷草、花蕾、穗状流云和云中隐约露头的凤首等纹样组成，为Ⅰ型"乘云绣"的典型特点。图案中朱红色的凤首纹和棕红色的桃形花纹是"乘云绣"纹样的突出特征。流云和卷草中显露凤首，有"凤鸟乘云"的寓意。绣线的染色物质既有矿物染料又有植物染料。受污染处，呈蓝灰、紫灰和黑等色。

71
对鸟菱形纹绮地"乘云绣"竿律衣

对鸟菱形纹绮地"乘云绣"竿律衣出土于马王堆一号墓东边厢第二层，其一角紧贴厢壁，并被一内装有羊骨的竹笥叠压。竿律衣出土时已部分残损，一角残损尤其严重，其内装的竿律管保存较好，一套十二管，每支律管下部墨书十二律吕的名称，是中国现存最早、最完整的十二音律管。同墓出土的遣册竹简278记载"竿律印熏衣一"，指的就是这件竿律衣。

竿律衣用淡黄色对鸟菱形纹绮地"乘云绣"缝制成方形袋状，底边宽约15厘米，袋长亦为15厘米左右，袋口缘前有一长10厘米左右的袋舌，袋舌三边由绛紫色绢缝制成缘，缘宽约2.2厘米，缘的经纬密度为每平方厘米108根×56根。经过加缘的舌部总宽约为17厘米，略宽于袋的底边，推测舌部应可向下折叠并盖住袋的口缘，起到收束限制之用。

袋体用丝线垂直缝成12个小筒，内衬有绢，以便将竿律管按顺序装入袋中，缝线针脚长0.28—0.3厘米。竿律衣所用对鸟菱形纹绮面经纬密度为每平方厘米102根×36根，绣面的针脚长0.15—0.2厘米，线径为0.035厘米。图案为纵向的连续菱形纹，菱形纹内填以横向的花纹，每组3层，分别为对鸟和2种不同菱形花纹。"乘云绣"采用锁绣法以朱红、深红、灰绿和黄褐色丝线绣出流云、卷草和隐没其间的凤首纹，为Ⅰ型"乘云绣"。翻滚旋转的云气纹与若隐若现的凤鸟纹相互交织，形成奇异多变、韵律感十足的图案，寓意着"凤鸟乘云、吉祥安康"。

在袋舌的顶部和右侧边有些许灰蓝色斑点状物质附着，在绢缘和"乘云绣"对鸟菱形纹绮面料上均有发现。显微观察发现该物质或以外观为圆盘形的放射状结晶集合形式聚集，或呈土斑状分布。附着物有的浮于纺织品表面，有的更是穿插入纺织品的组织结构中，掺杂并凝结于丝线纤维之间，对纺织品结构产生一定的破坏。

这种竿律衣是目前考古发现中唯一的一件。

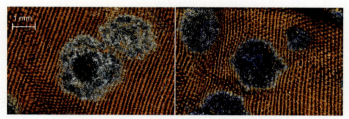

竿律衣形状及折叠方式示意

立体显微镜下的竿律衣附着的灰蓝色斑点状物质

72
黄褐色对鸟菱形纹绮地"乘云绣"绵衾残片（4件）

（1）黄褐色对鸟菱形纹绮地"乘云绣"绵衾残片（内1叠内3）

（2）黄褐色对鸟菱形纹绮地"乘云绣"绵衾残片（内3-5）

（3）黄褐色对鸟菱形纹绮地"乘云绣"绵衾残片（内3叠内3）

（4）黄褐色对鸟菱形纹绮地"乘云绣"绵衾残片（内3-9）

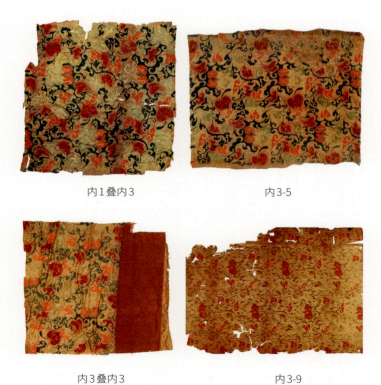

内1叠内3　　　　　　内3-5

内3叠内3　　　　　　内3-9

这组对鸟菱形纹绮地"乘云绣"绵衾残片出自马王堆一号墓内棺包裹遗体从外至里的第三层和第四层的两件"乘云绣"黄绮绵衾。第三层"乘云绣"黄绮绵衾宽72厘米，长360厘米，以对鸟菱形纹绮地"乘云绣"为面，里衬素绢，内絮丝绵，周围加宽13厘米的缘，缘为绒圈锦和窄绢缝制而成。此件之外捆扎9道组带。对鸟菱形纹绮经纬密度为每平方厘米100根×46根，图案为纵向的连续菱形，菱形内填以横向的花纹，每组三层，分别为对鸟和两种不同的菱形花。这组"乘云绣"纹样为《长沙马王堆一号汉墓》发掘报告所述的Ⅰ型"乘云绣"。"乘云绣"绮地绵衾有两种完全不同的色彩：内1叠内3、内3-5、内3叠内3有颜色较深的变形流云；内3-9除朱红色颜色不变之外，其余颜色均为浅黄色或浅褐色，应为褪色所致。

73
黄棕色绢地"乘云绣"单衣残片（3件）

（1）黄棕色绢地"乘云绣"单衣残片（内8-1B）

（2）黄棕色绢地"乘云绣"单衣残片（内8-10B）

（3）黄棕色绢地"乘云绣"单衣残片（内8-12）

内8-1B

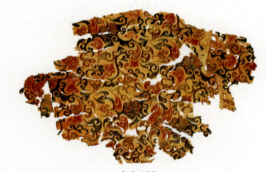

内8-10B

内8-12

这组绢地"乘云绣"单衣残片出自马王堆一号墓内棺包裹遗体的从外至里的第八层"乘云绣"黄棕色绢单衣。黄棕色绢单衣上有Ⅱ型、Ⅲ型、Ⅳ型3种不同类型的"乘云绣"。Ⅱ型"乘云绣"（内8-1B）凤首变窄长，桃心形凤首一侧为嘴，靠近靛蓝色祥云骨架的一侧，为回钩状呈现出桃心的形状，S形纹样以眼睛为对称轴分布。Ⅲ型"乘云绣"（内8-10B）凤首纹样以眼睛为对称轴的S形纹样变化为C形，靠近靛蓝色云纹的一侧为圆弧形。Ⅳ型"乘云绣"（内8-12）纹样中凤首纹样的轮廓由两个圆弧形相对而成。同一件丝织物上见有三种不同类型的刺绣纹样，表明这件衣服的刺绣来自不同的绣工之手。两种或两种以上不同刺绣纹样的现象不仅在第八层的单衣上出现，在第一层绵袍、第十六层绵袍等上也都有发现。

74
绢地"乘云绣"丝绵袍残片

这件绢地"乘云绣"丝绵袍残片出土于马王堆一号墓内棺从外至内第十六层。据《长沙马王堆一号汉墓》发掘报告中其原型可能为单衣。但发现该层织物的残片上均带有丝绵，因此该层织物应为丝绵袍。从残片上的凤首纹来看，其属于Ⅴ型"乘云绣"。表面清晰可见多处缝迹线，绢应是绵袍的缘。"乘云绣"由朱红、棕红、蓝、绿4色丝线绣成，丝线使用的染料有朱砂、茜草、靛蓝与黄蘗，刺绣方法为锁绣法，丝线较粗。

75
赭褐色绢地"乘云绣"棺饰残片

这件赭褐色绢地"乘云绣"棺饰残片出自马王堆三号墓内棺表面，为装饰内棺的丝织物。"乘云绣"采用锁绣法以朱红、棕红、金黄和灰绿等色丝线绣出。绣线的染色物质既有矿物染料又有植物染料。受污染处呈蓝灰、紫灰和黑等色。

这件赭褐色绢地"乘云绣"棺饰残片的刺绣技艺精湛，针脚整齐平顺，绣线颜色丰富，其中棕红色保存得相当好，色泽鲜艳明丽，代表了西汉初期高超的刺绣水平和发达的练染技术。

76
"信期绣"衣料（3件）

（1）菱形纹罗地"信期绣"（354-7）
（2）褐色菱形纹罗地"信期绣"（354-18）
（3）黄褐色绢地"信期绣"（354-20）

354-7

354-18

354-20

该组"信期绣"衣料出土于马王堆一号墓西边厢354号"缯笥"竹笥内。其刺绣图案均为《长沙马王堆一号汉墓》发掘报告所述Ⅰ型"信期绣"，整体线条细密，纹饰精美，色彩层次丰富，反映了西汉时期高超的刺绣技巧。

354-7菱形纹罗地"信期绣"的罗地经纬密度为每平方厘米

80根×32根，使用朱红、浅棕红和金黄色丝线绣出穗状流云、卷枝花草图案。整幅面料整体色调呈棕黄色，呈现出华丽之感，底纹罗织物的菱形纹样隐约可见。图案色彩由深到浅，层次丰富，鸟状云纹、线状云纹和罗地菱形纹饰上下叠压，具有律动感，装饰效果甚佳。354-18褐色菱形纹罗地"信期绣"的刺绣图案以朱红色、深棕色为主，面料表面由于受到污染，部分绣线已变色。罗地经纬密度为每平方厘米80根×32根。354-20黄褐色绢地"信期绣"的绢地经纬密度为每平方厘米100根×56根。马王堆汉墓出土的"信期绣"多在绢或罗料上绣制。

菱形纹罗地"信期绣"（354-7）局部红外光谱照

77

菱形纹罗地"信期绣"丝绵袍（2件）

（1）茶黄色菱形纹罗地"信期绣"丝绵袍（329-11）

（2）褐色菱形纹罗地"信期绣"丝绵袍（357-2）

329-11

357-2

这2件丝绵袍分别出土于马王堆一号墓西边厢329号"衣笥"、357号竹笥内。据《礼记·丧大记》记载"大敛"："……凡陈衣

者实之箧，取衣者亦以箧。"[1]箧，竹制小箱，即竹笥。也就是说，大敛之衣都要盛放在竹笥之内，可以推测竹笥中的衣物应该属于大敛之敛服范畴。

329-11丝绵袍以茶黄色菱形纹罗为地，上绣"信期绣"，素绢为里和袍缘，内絮丝绵。衣服形制为交领、右衽、曲裾。袖宽35厘米，袖口宽27厘米，下摆宽70厘米，领缘宽28厘米，袖缘宽30厘米，摆缘宽28厘米。绢缘经纬密度为每平方厘米130根×82根，绢里的经纬密度为每平方厘米98根×46根，罗面经纬密度为每平方厘米120根×38根。

357-2丝绵袍以褐色菱形纹罗为地，上绣"信期绣"，素绢为里和袍缘，内絮丝绵。衣服形制为交领、右衽、曲裾。袖宽34厘米，袖口宽28厘米，下摆宽63厘米，领缘宽20厘米，袖缘宽34厘米，摆缘宽31厘米。绢缘经纬密度为每平方厘米102根×66根，绢里的经纬密度为每平方厘米52根×34根，罗面经纬密度为每平方厘米96根×34根。

此2件丝绵袍刺绣图案均为《长沙马王堆一号汉墓》发掘报告所述Ⅰ型"信期绣"，是"信期绣"中出现最多的一种类型。

329-11丝绵袍刺绣针脚长0.1—0.15厘米，每单元图案中含有2条似燕尾的穗状流云，上面一朵为深红色，下面一朵由深棕绿、深红和浅褐色组成，而2朵流云周围的卷枝花草，基本为浅褐色，间以若干朱红色及深棕绿色的叶瓣，其图案颜色的搭配与另一件褐色菱形纹罗地"信期绣"丝绵袍略有不同，颜色更为鲜艳。

357-2丝绵袍刺绣针脚长0.16厘米，线径0.05厘米。袍上的穗状流云亦有两朵，上面一朵为浅棕红色，下面一朵为朱红、深绿二色。而两朵流云周围的卷枝花草，基本为黄色，间以若干朱红色的叶瓣。

"信期绣"是汉代社会上流行的高贵绣品，是以云纹为主，烘托鸟纹。云气由流畅的回旋形组成复杂多变的带状纹饰，犹如流动的云彩，表示绵绵不断，云中有鸟，鸟中藏云，浑然一体，极富艺术色彩与浪漫情调。

78

黑色菱形纹罗地"信期绣"丝绵袍残片

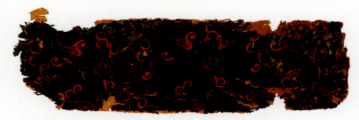

此件丝绵袍残片为马王堆一号墓内棺包裹墓主的22层各式衣被中的一件，出土位置为内棺从外至里的第十七层衣服，该绵袍出土时已非常残破。此件残片外观保存尚好，组织结构规整，无明显的撕裂和孔洞，一侧表面有些许灰白色粉状附着物，局部

1　礼记[M]. 胡平生，张萌，译注. 北京：中华书局，2018：861.

纤维之间观察到白色针状结晶，应系有机物劣化所致。该纺织品以褐黑色的菱形纹罗为地再刺绣作为面料，衬底为淡棕黄色素绢，中夹有丝绵层。罗上用朱红、棕红等色绣线绣成"信期绣"纹样，为《长沙马王堆一号汉墓》发掘报告所述Ⅰ型"信期绣"，纹饰单元图案均不完整。

该纺织品以褐黑色至黑色的丝质罗织物为底，依稀可辨认出以罗纱组织构成的纵向瘦长形菱形格纹，分为虚实两列，且相间排列，单个菱形格纹两侧还各附加有较小菱形，菱形内部有更加细密的几何纹饰，虚、实两列略有不同。罗织物上使用锁绣工艺绣有"信期绣"纹饰，丝质绣可辨识有朱红色、深红色，以及青褐色至暗褐色斑杂状几种。绣纹的边缘有明显的底稿线痕，线痕在黑色至褐黑色的罗织物上隐约可见，绣纹图案大多控制在线痕范围之内。在某些区域，经过染色的绣线覆盖住了底稿线痕。

本件罗织物呈现出深沉的黑至褐黑色泽，推断罗织物的褐黑色泽应是经染色加工而成的，而非之前认为的在埋葬后遭受污染所致。表面普遍有铁和铜的化合物残留，暗示在染色过程中可能使用了金属盐作为媒染剂。经过检测，在刺绣之前，使用了含铅颜料规划底稿，该底稿的单元图案连续重复出现，且相邻两列间错排列。其底稿可能以阳模凸版作为模具，用含铅的颜料戳盖而得，呈现出相对醒目的金属灰黑色光泽稿线，从而为刺绣加工起到定位和指示作用。

刺绣使用了至少3种颜色的丝质绣线，其中朱红色绣线为朱砂染成，颜料附着力好，无明显的脱落、晕染现象，染制工艺高超，这也是这件纺织品上唯一一种使用矿物颜料染色的绣线。深红色绣线经检测由茜草染色，而青褐色绣线使用靛蓝染色，靛蓝老化后可能使得深蓝色绣线转变为暗褐色斑杂状。[1]

黑色服饰在西汉及之前时期有特殊的文化和政治内涵，楚简《缁衣》和诗经《缁衣》记录了黑色服饰在古代政治中的礼法和规范。西汉后刘邦以"黑帝"自居，倡导"汉当水德"，其后张苍根据五德终始说，更是赋予了"汉当水德"以理学上的依据，由此推崇"水德尚黑"的服色崇尚。但实际情况是，汉初在楚、秦两大集团的博弈和调和中，形成了"外黑内赤"的独特服色格局。至文帝时，这种服色体系遭到挑战，对"水德尚黑"的承袭日渐式微，并最终促进了武帝时期的服色改制。根据出土古代纺织品实物资料来看，汉代黑色服饰是较为罕见的，即便在气候干旱、保存条件较好的西北地区，出土的褐黑色、黑色纺织品文物仍寥寥，故马王堆一号墓内棺出土的这件黑色罗地"信期绣"丝绵袍残片无疑是独特而重要的。长沙国地处华南地区，在汉初仍深受楚国文化传统的影响，湘西、黔东和渝东地区丰富的朱砂矿产为红色石染工艺提供了充足的资源保证，在黑色罗底上刺绣精细的朱红色、深红色纹饰，或许一定程度上反映了"尚赤"的楚国传统和汉初"服黑"的文化弥合，甚至可能是汉初"外黑内赤"的服色系统在长沙本地的独特体现。

1　刘琦，彭诗琦，王帅，等. 马王堆一号汉墓内棺出土"黑色菱形纹罗地信期绣"的科技分析[J]. 文物天地，2024（4）：50.

局部立体显微镜照　　　　局部立体显微镜照

立体显微镜下刺绣下可见底稿　　立体显微镜下朱砂石染丝线

立体显微镜下茜草染色丝线　　立体显微镜下靛蓝染色丝线

丝绵袍残片红外光谱照

丝绵袍残片纹样

79
香囊（2件）

（1）黄褐色菱形纹罗地"信期绣"香囊（65-2）

（2）绢地"信期绣"香囊（442）

65-2　　　　　442

此组香囊出土时均内装高良姜、辛夷、花椒等香料。香囊尺寸较大，为卧室用品，挂于内室帷帐之间，符合乐府古诗《孔雀东南飞》"红罗复斗帐，四角垂香囊"[1]的记载。香囊具有熏香、避虫叮咬的等功能。遣册记载为"熏囊"。

65-2 黄褐色菱形纹罗地"信期绣"香囊出土于马王堆一号墓东边厢65号竹笥中。形制分领、腰、底三个部分，囊领由3块三角形绢面料斜裁拼合而成，腰部用菱形纹罗地"信期绣"缝制，囊底由一圆形Ⅱ型几何纹绒圈锦缝合。腰部有带，带用绛紫色绢面缝制。其经纬密度为：囊领部的绢为每平方厘米118根×66根，腰部罗为每平方厘米88根×30根。缝纫方法为腰部与领部处地方用一上一下跑针缝合，针间距0.4厘米，针脚长0.5厘米；囊领由3块三角形面料平针拼合而成，针脚长0.3厘米。刺绣的针脚长0.15厘米，线径0.06厘米。简270提到"绀绮信期绣熏囊一素掾（缘）"应即指此。

442 绢地"信期绣"香囊出土于马王堆一号墓北边厢中。香囊分为领部、腰部和底部。领部和囊里用斜裁的2块三角形绢缝制，腰部用绢地"信期绣"缝制，底部用几何纹绒圈锦和2片绢相间拼起，腰部有用于封口的系带，为朱色菱形纹罗缝制而成。领部绢的经纬密度为每平方厘米164根×70根，囊身绢为每平方厘米78根×40根。缝纫方法是腰部与领部结合处用一上一下的平针缝合，针间距0.5厘米，针脚长0.1厘米；囊领和囊里的绢面料也用平针缝合而成，针脚长0.3厘米。腰部的"信期绣"针脚长0.15厘米，线径长0.06厘米。该香囊一系带的残端，可以看到西汉时期系带的打结方式为活结。简269提到"白绡信期绣熏囊一素掾（缘）"应即指此。

2件香囊上的刺绣图案为发掘报告所述Ⅰ型"信期绣"，是"信期绣"中出现最多的一种类型，整体以极其简约而优美的纹样呈现出汉代刺绣工艺的巧思与创造力，是刺绣中的上乘珍品。

马王堆汉墓出土的香囊保存基本完好且刺绣华丽，是汉代贵族使用的珍贵物品，不仅传递出汉代香文化信息，亦为研究汉代人们的生活习俗与纺织成就提供了珍贵的一手资料。在新疆尉犁县营盘汉晋古墓也出土了几件布帛类香囊，以黄色丝绢缝制而成，形制与马王堆汉墓出土的香囊基本相似。

80
黄褐色对鸟菱形纹绮地"信期绣"香囊

黄褐色对鸟菱形纹绮地"信期绣"香囊出土于马王堆一号墓东边箱65号竹笥之中。简271提到的"素信期绣熏囊一沙（纱）素掾（缘）"应即指此。香囊形制分为领部、腰部和底部。腰部有用于封口的系带。领部和囊里都用斜裁的素绢缝制，腰部为黄褐色对鸟菱形纹绮地"信期绣"缝制，刺绣图案为发掘报告所述的Ⅰ型"信期绣"。底部由Ⅱ型几何纹绒圈锦缝制而成。其经纬密度为：囊领部绢每平方厘米102根×62根，囊腰部绮地每平方厘米98根×42根。刺绣针脚长0.15厘米，径线0.06厘米。

香囊是盛放香料的佩囊。从文献记载来看，古人佩戴香囊的历史可以追溯到商周时期。春秋战国之际，古人佩戴香囊风俗日盛。东汉时期更有明确的文献记载香囊是如何佩挂的：应是系在肘臂之下藏在袖中，香气通过衣袖散发出来。这种香囊体积较小，以便随身佩戴。

除了用于身体佩饰的香囊，亦有悬挂于帐内的香囊。汉代有一种"帷帐"，就是可以垂挂香囊的帐子。此件香囊尺寸较大，应为卧室用品，悬挂于内室帷帐之间，具有辟邪、避虫叮咬等功能。

此香囊刺绣华丽、颜色丰富，且使用多种丝织品面料缝制而成，反映了当时的织造、提花技术都已经达到了极高的水平。[2]

65号竹笥香囊出土情景

81
"信期绣"聂币（2件）

（1）纱地"信期绣"聂币（337-2⑦）

（2）罗地"信期绣"聂币（337-2⑧）

337-2⑦

337-2⑧

此组聂币出土于马王堆一号墓西边厢337号"缯聂币笥"内。纱地"信期绣"聂币残存5片，以纱为地；罗地"信期绣"聂币残存7小块，其中2块较长，未完全剪断，一角尚连，另5小块大致呈方形。刺绣图案均为发掘报告所述Ⅰ型"信期绣"，以朱红、红棕、橄榄绿色等丝线绣出穗状流云纹和卷枝花草纹等。

墓中出土遣册简284"合青笥二合盛蟲（聂）敝（币）"，应即指此。马王堆汉墓出土的聂币是将长条形布帛或剪成一角相连的碎片，或剪断后有的用丝线缀连，有的用竹篾别在一起。其织物的类别有绢、纱、罗、绮、锦并刺绣、印花等，与出土的成幅丝织品种一致。其形状多数为剪切的长方形、方形或三角形等，且大小不一。其用途既可能是自备或馈赠的随葬明器，也可能是丧葬过程中所使用的祭奠之物，象征"千匹布帛"，为布帛的替代品，引申为财富的象征。湖北江陵马山一号楚墓亦发现有此种丝织品碎片。

82
赭黄色菱形纹罗地"信期绣"衣服残片（3件）

（1）赭黄色菱形纹罗地"信期绣"丝绵袍残片（内7-3）

（2）赭黄色菱形纹罗地"信期绣"丝绵袍残片（内7-2）

（3）赭黄色菱形纹罗地"信期绣"夹衣残片（内9-3）

内7-3

内7-2

内9-3

此组"信期绣"残片均出土于马王堆一号墓内棺之中，内棺出土的包裹遗体的所有丝质衣衾都已严重糟朽，采集下来的标本均为残片。内7-2和内7-3为包裹遗体的菱形纹罗地"信期绣"丝绵袍上揭取的残片，丝织物表面轻微破损，刺绣之下清晰地保留着绣工所绘制的墨色底稿。内9-3为包裹遗体的菱形纹罗地"信期绣"夹衣上揭取的残片，其刺绣花纹之下清晰地保留着朱红色底稿。

该组残片均以赭黄色菱形纹罗为地，刺绣图案为发掘报告所述Ⅰ型"信期绣"，图案色彩由深到浅，鸟状云纹、线状云纹和罗地菱形纹饰上下叠压，装饰效果甚佳。

83
赭黄色菱形纹罗地"信期绣"衣服残片（3件）

（1）赭黄色菱形纹罗地"信期绣"丝绵袍残片（内10叠内7）

（2）赭黄色菱形纹罗地"信期绣"丝绵袍残片（内11叠内7）

（3）赭黄色菱形纹罗地"信期绣"夹衣残片（内12叠内9）

内10叠内7

内11叠内7

内12叠内9

　　此组"信期绣"残片出土于马王堆一号墓内棺之中。内10叠内7、内11叠内7为包裹遗体的菱形纹罗地"信期绣"丝绵袍上揭取的残片，残片上有大量白色结晶，内絮丝绵，其中一件边缘为绛红色绢且衣面与缘相接处饰有褐色绦带。内12叠内9为包裹遗体的菱形纹罗地"信期绣"夹衣上揭取的残片，表面亦有大量白色结晶。

　　马王堆汉墓出土的衣物中对绢料的使用非常普遍，多用作绵袍、夹袍的缘。残片中的绛色绢应为衣物的袍缘。残片上的褐色绦带是一种用于装饰衣物的编织丝带，绦面宽1.6厘米，可分成3行，各宽0.5厘米，每5.25厘米一个反复，上有波折纹。

　　其刺绣图案均为发掘报告所述Ⅰ型"信期绣"，是"信期绣"中最为常见的类型。整体色调蓝红对比强烈，色彩层次丰富，具有颇高的艺术装饰效果。刺绣纹样亦细密精美，反映了西汉时期高超的刺绣技巧和印染技术。

"信期绣"局部立体显微镜照（内10叠内7）

赭黄色菱形纹罗地"信期绣"丝绵袍残片局部（内11叠内7）

84
绢地"信期绣"夹袱

　　古人对于梳妆打扮极为讲究，其妆饰用品多放于奁匣之中。在马王堆一号墓中就出土了两套保存基本完整且专门盛放梳妆用品的漆妆奁，奁外均用夹袱包裹。

　　此件绢地"信期绣"夹袱出土于马王堆一号墓北边厢内，用以包裹双层九子漆妆奁。该夹袱以绢地"信期绣"为主体纹饰，周缘镶以褐色绦带和宽7厘米的红褐色绢；整体保存较为完整，有轻微破损和污染，中间有一圈圆形深色污染痕迹，为包裹双层九子漆妆奁时所留下的印记。袱，意为包袱，这里指用于覆盖的布单。遣册简256提到的"素信期绣检（奁）戴一素周掾（缘）䋺缓缩（绦）劮（饰）"，应即指此。

　　夹袱绢面的经纬密度为每平方厘米98根×52根，绢缘的经纬密度为每平方厘米100根×54根，绢里的经纬密度为每平方厘米92根×58根。

　　其刺绣图案为发掘报告所述的Ⅰ型"信期绣"，针脚长0.15厘米，线径0.06厘米。此绣整体以锁绣法绣成，将不同色彩的绣线绣出穗状流云纹和卷枝花草纹等。刺绣花纹之下还清晰地保留着绣工所绘制的朱红色底稿，为研究西汉时期刺绣工艺提供了可靠的实物依据。

　　位于夹袱主体纹饰与缘边之间的褐色绦带是装饰衣物用的一种丝织窄带。褐色绦带宽1.6厘米。绦面分成3行，各宽0.5厘米，每5.25厘米一个反复。一段的两侧，在白地上织出黑色细线，中行在绛红色绦带上织出黑线组成的波折纹，波折纹上又有两处并列的3条白色横杠。一段的两侧，在白地上织出绛红色细线，中行在白地上织出黑线组成的波折纹，波折纹上又有两处并列的3条绛红色横杠。简256提到该夹袱时称之为"䋺缓缩（绦）劮（饰）"。绦带属于编织结构，它只有经线没有纬线，即用一组左经线与一组右经线，呈45°角相互编织，利用双层组织结构原理，编成图案花纹，在当时应属于较为珍贵的纺织品。

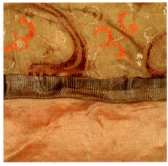

绢地"信期绣"夹袄局部　　　　"信期绣"局部及红色底稿

褐色绦带及朱红色绢缘　　　　绢地"信期绣"夹袄出土时情景

85

黄褐色绢地"信期绣"单衣残片

　　此件"信期绣"残片出土于马王堆一号墓内棺之中，是从包裹遗体的黄褐色绢地"信期绣"单衣上揭取的残片，表面有许多细小的白色结晶。衣料以黄绢为地，上绣"信期绣"。马王堆汉墓出土的"信期绣"常以绢或罗为面料。

　　其刺绣图案为发掘报告所述 I 型"信期绣"，是"信期绣"中最为常见的类型。其纹样清晰富丽，流动飞扬，线条细密而圆曲，刺绣之下还清晰地保留着绣工所绘制的朱红色底稿，为研究汉代刺绣工艺提供了重要的实物依据，亦显示出汉代刺绣的高度艺术水平和纯熟的技巧。

"信期绣"局部纹及刺绣下的朱红色底稿

86

黄褐色绢地"信期绣"单衣残片

　　此件黄褐色绢地"信期绣"单衣残片出土于马王堆一号墓内棺之中，是从包裹遗体的"信期绣"黄褐色绢单衣上揭取的残片，出土时轻微残破，部分绣线已褪色，表面有多处白色结晶。

　　其刺绣图案为发掘报告所述的III型"信期绣"，刺绣图案单元长14厘米，宽9厘米。这种类型的"信期绣"在马王堆一号墓中仅见于内棺发现的此件衣物残片上。残片上均有多处缝线，应是多块面料缝制拼接而成。

　　此型"信期绣"纹样较其他2种而言，穗状流云更大，色彩层次丰富，纹饰饱满飞扬，写意形态的燕尾与云纹、波浪花卉纹之间相互交织，彰显了西汉时期高超的刺绣技巧和汉绣的高度艺术想象力。

87

褐色绢地"信期绣"残片

　　此件褐色绢地"信期绣"残片出土于马王堆三号墓南边厢180号竹笥"绣缯笥"内，出土时已残损，受污染较为严重。其刺绣图案单元长14厘米，宽9厘米。主要特点是似燕尾的2朵穗状流云比较肥大，上面一朵为浅棕红色，下面一朵为褐色，卷枝花草为褐色和朱红色，与马王堆一号墓发掘报告所述的III型"信期绣纹样基本一致。

　　整幅面料色调呈褐色，纹饰较另外两型"信期绣"更为豪放大气，流动飞扬。蜿蜒灵动的花蔓枝叶和憨态可掬的燕尾相互交织，呈现出无限的生命力，具有极高的审美价值。燕子作为信期归来的候鸟，南来北往，生生不息，也反映出"信期绣"所形成的艺术风格蕴含着深厚的文化内涵和丰富的想象力、创造力。

"信期绣"局部

88

绛紫色绢地蚕纹绣

　　此件绣品出土于马王堆一号墓西边厢第二层340号"缯笥"竹笥内，为26幅丝织品中的一幅，厚度0.09厘米，重12.5克。在绛紫色绢地上绣蚕纹图案，蚕纹图案呈现出排列不规则的蚕形云纹，其中有"卐"字形纹饰。绣样图案单元长15厘米，宽10厘米，用浅棕红色丝线绣成，刺绣针脚长0.5—1厘米。绢为绛紫色，质地轻薄，平纹组织，织物密度稀疏，经纬密度为每平方厘米84根×42根。此类单幅衣料虽与敛葬的衣物同出，但因宽幅太小，不似成衣，当不属于大敛之礼所用敛服的范畴。这类绣品绣工花纹虽简单，但纹饰图案的寓意一样带有祝福吉祥的含义。

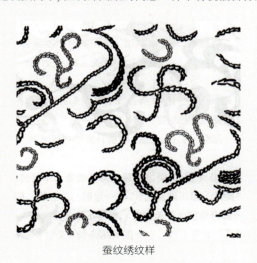

蚕纹绣纹样

89

绛紫色绢地蚕纹绣

　　此件绣品出土于一号墓西边厢第二层的340号"缯笥"竹笥中，厚度0.09厘米，重9.8克。在绛紫色绢地上绣简单的蚕形云纹，结构松散，绣工粗糙。在绢地上还清晰地保留着当年描绘图案的墨色底稿。绣样图案单元长15厘米，宽10厘米，用浅棕色丝线绣成，刺绣针脚长0.5—0.8厘米。绢为绛紫色，织物密度稀疏，经纬密度为每平方厘米88根×36根。这类绣品尺寸太小，非满绣，两侧边各留宽7厘米的空白，绣工粗简，刺绣纹样也未见于出土的衣物，可能是专为随葬绣制的。其绣工花纹虽然简单，但纹饰图案的寓意一样带有祈愿祝福的含义。

绛紫色绢地蚕纹绣局部

蚕纹绣局部立体显微镜照

90

绛紫色绢地蚕纹绣

此件绣品出土于马王堆一号墓西边厢第三层354号"缯笥"竹笥中。竹笥内盛放有20幅单幅衣料，这是其中一幅，厚度0.09厘米，重14.5克，边维0.4厘米。在绛紫色绢地上绣蚕纹图案，蚕纹图案呈现出不规则的蚕形云纹，结构松散，排列无序，绣工粗糙，刺绣针脚长0.5厘米。在绢地上还清晰地保留着当年描绘的刺绣图案的墨色底稿。绣样图案单元长15厘米，宽10厘米，用浅棕色丝线绣成。织物密度稀疏，经纬密度为每平方厘米90根×42根。此类单幅丝织品与成衣敛服都放置于竹笥内，符合《礼记·丧大记》所载"凡陈衣者实之箧"[1]的规定，应具有敛服的属性，但因尺寸太小，又不似成衣，可能是专为随葬绣制的。保存较完整，有褪色和污染，幅中和边缘均有开裂。

蚕纹绣纹样

蚕纹绣红外光谱照

91

赭黄色绢地茱萸纹绣单衣残片（2件）

（1）赭黄色绢地茱萸纹绣单衣残片（内10-1）
（2）赭黄色绢地茱萸纹绣单衣残片（内10-10）

内 10-1

内 10-10

这2件赭黄色绢地茱萸纹绣单衣残片出土于长沙马王堆一号墓内棺中，为包裹遗体从外至里的第十一层衣服。衣料颜色明显不同，应是受保存环境影响，衣料褪色导致。

茱萸纹图案由朱红、浅棕红、棕和深蓝4色丝线绣成。除枝叶为深蓝色外，花蕾、瓣、蒂等为朱红、浅棕红和棕色。图案单元长11厘米，宽6厘米。绢为赭黄色，质地轻薄，平纹组织，织物密度稀疏。

单衣残片出土于内棺，性质上属于绞衾葬制中所用的敛服。而其上所绣茱萸纹样，在汉代十分流行。茱萸因具有药用价值和传说中的辟邪功能，被视是吉祥植物，认为其有"辟除恶气，令人长寿"的作用，佩戴茱萸可以辟邪、祛灾、长寿，故而汉代织物上的茱萸纹常见和云纹组合，构成四方连续纹样，寓有辟除不祥、祝颂长寿的美好祈愿。

深蓝
浅棕红
棕
朱红

茱萸纹绣单元纹样

92

黄色绢地方棋纹绣单衣残片（2件）

（1）黄色绢地方棋纹绣单衣残片（内12-1）

（2）黄色绢地方棋纹绣单衣残片（内12-2）

内12-1

内12-2

此2件黄色绢地方棋纹绣单衣残片出土于长沙马王堆一号墓内棺中，为包裹遗体从外至里的第十四层方棋纹绣黄绢单衣。

该组单衣残片图案为黄色绢地方棋纹，呈现出有规则的棋盘纹。绣纹单元图案长7.2厘米，宽2.8厘米，用淡绿色丝线绣成，方格中间绣圈点。圈点为棕色的带蒂圆点和浅绿色的半包圆圈，两种圈、点间行排列，组成四方连续图案，排列严谨，整整齐齐。所制成衣，当尽显端庄大气。

在技法上，圈点采用了打籽绣法，即用丝线紧贴料面绕圈打结，再从原地刺入，形成粒状。这是迄今所见最早的打籽绣品。因出于内棺，性质上属于绞衾葬制中所用的敛服，是在进行大敛丧礼中使用的礼制服饰。

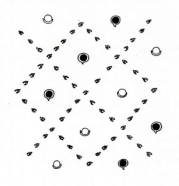

黄色绢地方棋纹绣（内12-1）　　　　打籽绣法示意
单元纹样

93

黄色绢地方棋纹绣单衣残片

此件方棋纹绣单衣残片出土于长沙马王堆一号墓内棺中，为包裹遗体从外至里的第十二层衣服。

该衣料图案为黄色绢地绣方棋纹，单元图案长6厘米，宽5.3厘米，用土黄色丝线绣成。方格的四隅、两对角分别为重环和带花瓣的菱形，格内为四点。绢地上还清晰地保留着当年绣工所描绘刺绣图案的墨色点状底稿。

在技法上，刺绣时采用了单针的锁绣法，外观与打籽绣针法的效果相似。锁绣法是我国自商至汉刺绣上的一种主要针法，较结实、均匀，亦多见于新疆等地出土的各类东汉刺绣品。

此衣料与内12-1、内12-2方棋纹绣单衣残片一样，属于绞衾葬制中所用的敛服。墓主会使用两件纹样不同的方棋纹绣衣物作为敛服，说明方棋纹绣在当时是非常时兴的纹样。

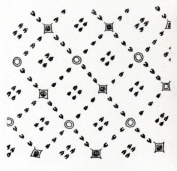

方棋纹绣单元纹样　　　　　　方棋纹绣立体显微镜照

94

褐色绢地方棋纹绣衣料残片

此件衣料残片出土于长沙马王堆三号墓东边厢112号"衣荚乙筒"竹笥内，笥内所存服饰均已残朽，无法窥其全貌，推定竹笥内有夹服、裙等。

该衣料残片图案为褐色绢地绣方棋纹。绣样单元图案长3厘米，宽4厘米，用浅棕色丝线绣成，每个方格四边都有5个圆圈，在方格正中间绣1个圆环，每个方格排列紧密，整齐方正，所制成衣当尽显端庄大气之感。这件衣料虽然污损严重，但绢地上隐约可见当年描绘刺绣图案的墨色底稿。

从性质上看，此件衣料残片出自边厢，当属陪葬衣物。虽然马王堆三号墓墓主为男性，但方棋纹绣在衣服上的使用不会拘泥于男女之别，因其方棋格可四方无限延续，有长长久久、延绵不断的吉祥寓意在其中，应是时人所喜爱的纹样。

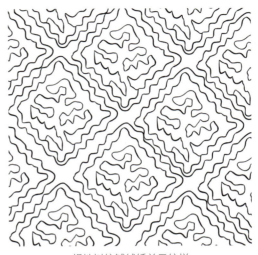

绢地树纹铺绒绣单元纹样

方棋纹绣立体显微镜照

95
绢地树纹铺绒绣残片

这件绢地树纹铺绒绣残片出自马王堆一号墓内棺外壁，为装饰内棺的丝织物。铺绒绣以褐色绢为地，用朱红、黑、褐三色丝线绣成。平针满工刺绣，针脚整齐平顺，绣线排列均匀，不露地子。这种绣满绢底，不露地子的绣法就叫"铺绒"。绣样单元图案为长宽各4厘米左右的黑色斜方格，内绣红地褐色花纹。其绣制的顺序大体是先绣黑色斜方格，次绣红地，最后绣褐色树纹。绣线较其他绣品细得多，直径为0.01厘米左右（其他绣品的绣线直径一般为0.05—0.1厘米）。马王堆汉墓出土的树纹铺绒绣，绣工纯熟，已非草创。年代这样早的铺绒绣法作品，过去还未曾发现。

古人在棺外罩以丝织物的习俗由来已久，是对死者生前居室帷幄一类的模仿，在《仪礼》《礼记》等典籍中也都有记载。因此，装饰于马王堆一号墓内棺外壁的绢地树纹铺绒绣应当也是这一习俗的延续，同时也是汉代"事死如事生"观念的体现。

参考文献

一、图书

班固. 汉书[M]. 北京: 中华书局, 2013.

班固, 等. 白虎通[M]. 上海: 上海书店出版社, 2012.

陈高华, 徐吉军. 中国服饰通史[M]. 宁波: 宁波出版社, 2002.

陈建明, 王树金. 马王堆汉墓服饰研究[M]. 北京: 中华书局, 2018.

戴德. 大戴礼记[M]. 山东: 山东友谊书社, 1991.

高汉玉. 中国历代织染绣图录[M]. 上海: 上海科学技术出版社, 1986.

葛洪. 西京杂记[M]. 周天游, 校注. 西安: 三秦出版社, 2006.

洪兴祖. 楚辞补注[M]. 北京: 中华书局, 2006.

湖南省博物馆, 复旦大学出土文献与古文字研究中心. 长沙马王堆汉墓简帛集成: 六[M]. 北京: 中华书局, 2014.

湖南省博物馆, 湖南省文物考古研究所. 长沙马王堆二、三号汉墓[M]. 北京: 文物出版社, 2004.

湖南省博物馆, 中国科学院考古研究所. 长沙马王堆一号汉墓[M]. 北京: 文物出版社, 1973.

黄能馥. 中国美术全集·工艺美术编6·印染织绣（上）[M]. 北京: 文物出版社, 1991.

礼记[M]. 胡平生, 张萌, 译注. 北京: 中华书局, 2018.

李昉, 李穆, 徐铉, 等. 太平御览[M]. 北京: 中华书局, 2000: 3627.

刘安, 等. 淮南子[M]. 高诱, 注. 上海: 上海古籍出版社, 1989.

刘熙. 释名[M]. 北京: 中华书局, 1985.

马缟. 中华古今注[M]. 北京: 中华书局, 1985.

上海市纺织科学研究院, 上海市丝绸工业公司文物研究组. 长沙马王堆一号汉墓出土纺织品的研究[M]. 北京: 文物出版社, 1980.

诗经[M]. 王秀梅, 译注. 北京: 中华书局, 2012.

史游. 急就篇[M]. 颜师古, 注. 王应麟, 补注. 钱保塘, 补音. 商务印书馆, 1936.

宋应星. 天工开物[M]. 管巧灵, 谭属春, 点校注释. 长沙: 岳麓书社, 2002.

孙机. 汉代物质文化资料图说[M]. 增订本. 上海: 上海古籍出版社, 2008.

王乐. 中国古代丝绸设计素材图系·汉唐卷[M]. 杭州: 浙江大学出版社, 2018.

王先谦. 释名疏证补[M]. 上海: 上海古籍出版社, 1984.

王予. 染缬集[M]. 王丹，整理. 北京：北京燕山出版社，2014.

许慎. 说文解字[M]. 北京：中华书局，1963.

晏子春秋[M]. 唐子恒，点校. 南京：凤凰出版社，2017.

袁珂，校注. 山海经校注[M]. 上海：上海古籍出版社，1980.

张晓霞. 中国古代染织纹样史[M]. 北京：北京大学出版社，2016.

赵超. 云想衣裳：中国服饰的考古文物研究[M]. 成都：四川人民出版社，2004.

赵丰. 纺织考古新发现[M]. 香港：艺纱堂 / 服饰出版，2002.

赵丰. 中国丝绸艺术史[M]. 北京：文物出版社，2005.

郑玄. 仪礼注疏[M]. 北京：北京大学出版社，1999.

左克明. 古乐府[M]. 韩宁，徐文武，点校. 北京：中华书局，2006.

左丘明. 左传[M]. 郭丹，等译注. 北京：中华书局，2018.

二、文章

陈锐. 马王堆汉墓"长寿绣"凤鸟纹样考[J]. 故宫博物院院刊，2023（6）：36-47.

陈锐. 马王堆汉墓长寿绣穗状流云纹饰研究[J]. 湖南博物院院刊，2022（0）：28-35.

董鲜艳，王帅. 马王堆汉墓出土袍服再探[J]. 浙江纺织服装职业技术学院学报，2023（1）：58-63.

董鲜艳，蔺朝颖. 西汉绛紫绢地"长寿绣"丝绵袍制作工艺考析[J]. 文博，2022（1）：99-106.

对长沙马王堆汉墓出土纺织品的初步研究[J]. 上海纺织科技动态，1972（8）：14-15.

傅举有. 马王堆一号墓漆棺的装饰艺术[J]. 湖南省博物馆馆刊，2011（8）：57-77.

傅举有. 同云霞媲美　与日月争辉：百年来考古发现的汉代刺绣（上）[J]. 收藏家，2011（12）：55-64.

黄燕. "茱萸纹"图式形态考辨[J]. 美苑，2013（6）：61-65.

金琳. 中国古代织绣囊袋[J]. 南方文物，1999（2）：116-120.

荆州地区博物馆. 湖北江陵藤店一号墓发掘简报[J]. 文物，1973（9）：7-17.

李宏复. 枕顶绣的文化意蕴及象征符号研究[D]. 北京：中央民族大学，2004.

刘彬徽. 关于先秦汉初袍服的定名问题[J]. 江汉考古，2000（1）：72-74.

刘琦，彭诗琦，王帅，等. 马王堆一号汉墓内棺出土"黑色菱形纹罗地信期绣"的科技分析[J]. 文物天地，2024（4）：47-50.

吕烈丹. 南越王墓出土的青铜印花凸版[J]. 考古，1989（2）：138，178-179.

申国辉，王帅，彭诗琦，等.马王堆一号汉墓出土竽律管及其丝质包装袋具的探讨[J].文物天地，2024（4）：56-60.

孙欣.汉服"褾褕"、"襜褕"论[J].江汉考古，2012（4）：120-124.

王卉.马王堆汉墓出土"隐花水波孔雀纹锦"的图像分析[J].湖南博物院院刊，2022（0）：36-42.

王继胜，赵娜.马王堆一号汉墓素纱襌衣研究与复织[J].南方文物，2021（4）：215-225.

王树金，董鲜艳，陈谷苗.马王堆汉墓出土香囊的探究[J].丝绸，2011（9）：58-63.

王树金.马王堆汉墓丧制与敛服考[J].江汉考古，2014（1）：87-93.

王树金.马王堆汉墓资料中人物着裤情况初探[J].湖南省博物馆馆刊，2012(0)：48-56.

王㐨.八角星纹与史前织机[J].中国文化，1990（1）：84-94.

王㐨.马王堆汉墓出土的丝织物印花[J].考古，1979（5）：471，474-478，492.

温星金.试论马王堆一号汉墓内棺装饰羽毛贴花绢的丧葬意义[J].湖南博物院院刊，2022（0）：58-69.

夏添.先秦至汉代荆楚服饰考析[D].无锡：江南大学，2020.

熊传薪.长沙新发现的战国丝织物[J].文物，1975（2）：49-56.

许少玲.马王堆汉墓出土织物"信期绣"纹样的美学特征研究[D].长沙：湖南师范大学，2013.

于省吾.关于长沙马王堆一号汉墓内棺棺饰的解说[J].考古，1973（2）：126-127.

喻燕姣.深化马王堆汉墓纺织品研究之我见[J].湖南博物院院刊，2022（0）：22-27.

袁建平.辛追墓随葬衣服与深衣、汉服的探讨[J].文物天地，2017(12)：77-83.

张宏源.长沙汉墓织绣品的提花和印花[J].文物，1972（9）：50-51，75.

郑曙斌.聂币解析[J].湖南省博物馆馆刊，2012（0）：29-39.

郑曙斌.素纱襌衣用途蠡见[J].湖南省博物馆馆刊，2010（0）：71-80.

周志元.马王堆一号汉墓锦饰内棺装潢研究[J].中国历史博物馆馆刊，2000（1）：91-96.

后 记

喻燕姣

本书既是“浙江文化研究工程”重大项目“中国丝绸艺术大系”的重要组成部分，也是湖南省哲学社会科学基金重大项目（“学术湖南”精品培育项目，项目编号20ZDAJ008）阶段性成果。

2020年，湖南博物院启动了对马王堆汉墓文物库房尚未上账的纺织品资料的清库建档工作，经过一年多的努力，我们共清理出19000多件纺织品残片，加之原有入账文物，马王堆汉墓纺织品完整的和各类残片总计有24000多件。对这批资料进行系统整理和研究，成为湖南博物院近些年的重点工作之一。

马王堆汉墓及藏品研究展示中心的全体员工对这一工作给予了高度重视和全部精力的投入，加之有“中国丝绸艺术大系”和湖南省哲学社会科学基金重大项目资助的加持，大家深感责任重大，工作热情极为高昂，在完成清库建档后，对各类丝织品按墓葬、出土位置、材质进行了细致分类，摸清了马王堆汉墓纺织品的家底，为深入研究这批纺织文物打下了坚实基础。

本书重点遴选了马王堆汉墓最有特色的丝织品，既包括部分已经公布的保存较好的成品服饰、用具，也包括近年整理和新发现的丝织物，既注重丝织物材质、工艺、文化内涵等的解读，也强化了科技检测成果的融入。

需要说明的是，本书是集体智慧和心血的结晶，它不仅凝聚了以往学者的真知灼见，而且体现了我们这些年的整理研究成果。具体分工如下：喻燕姣负责专文、绮类丝织物的撰写，精品丝织物目录的拟定及全书文字的修改、校订。欧阳小红、王帅、任亭燕负责绢类丝织物的撰写，温星金负责纱类丝织物的撰写，申国辉负责罗类丝织物的撰写，王卉负责锦类丝织物的撰写，陈锐负责“长寿绣”“乘云绣”丝织物的撰写，李明洁负责“信期绣”丝织物的撰写，许宁宁负责“其他绣”丝织物的撰写；刘琦负责竽律衣、黑色菱形纹罗地“信期绣”丝绵袍的撰写，承担了大部分图片的拍摄任务；文中部分线图由彭诗琦、夏添以及东华大学王乐教授团队描绘；王帅负责提取文物观摩、拍照。英文翻译由周娅鹃负责。

此外，本书得以顺利出版，还要感谢审稿专家慧眼独具的中肯意见。丛书总主编赵丰先生多次亲临湖南博物院协商工作。鉴于本卷是“中国丝绸艺术大系”中最先出版的，他格外重视稿件的文字水平、图片质量以及排版设计的艺术审美，反复斟酌、调整、修订。王丹女士承担文稿通审工作，还就卷中多处细节对比其父亲王㐨先生的发掘笔记和复原实验数据，保证了本卷内容的准确性。杨汝林女士承担了繁杂的联络事务，以及数次项目申报、评审、检查等专家意见的汇总整理工作。浙江大学出版社各位编辑对本书进行了精心编排、设计和艺术创新。

在此，特向所有为本书出版辛勤耕耘、付出智慧的诸位专家学者和幕后工作者致以崇高的敬意！

2024年5月26日

图书在版编目（CIP）数据

中国丝绸艺术大系. 湖南博物院卷. 战国至汉代 /
赵丰总主编 ; 喻燕姣主编. -- 杭州 : 浙江大学出版社，
2024. 7. -- ISBN 978-7-308-25308-6

Ⅰ. K876.92

中国国家版本馆 CIP 数据核字第 2024HH6579 号

中国丝绸艺术大系·湖南博物院卷（战国至汉代）

赵 丰 总主编　喻燕姣 主编

出 品 人	褚超孚
项 目 总 监	陈 洁
丛书责任编辑	包灵灵　范洪法
本卷责任编辑	包灵灵
本卷责任校对	杨利军
封 面 设 计	程 晨
版 式 设 计	聿书堂
责 任 印 制	孙海荣
出 版 发 行	浙江大学出版社
	（杭州市天目山路148号　　邮政编码　310007）
	（网址：http://www.zjupress.com）
印 刷 装 订	上海雅昌艺术印刷有限公司
开 本	787mm×1092mm　1/8
印 张	34.5
字 数	400千
版 印 次	2024年7月第1版　2024年7月第1次印刷
书 号	ISBN 978-7-308-25308-6
定 价	980.00元